# 出发

蒋沛汐／著

贵州出版集团
贵州人民出版社

**图书在版编目（CIP）数据**

出发 / 蒋沛汐著. -- 贵阳：贵州人民出版社，2023.9
ISBN 978-7-221-17960-9

Ⅰ. ①出… Ⅱ. ①蒋… Ⅲ. ①长篇小说－中国－当代
Ⅳ. ①I247.5

中国国家版本馆CIP数据核字（2023）第185580号

CHUFA
出 发
蒋沛汐 / 著

出 版 人 朱文迅
策划编辑 黄蕙心
责任编辑 刘旭芳
封面设计 陈 电
版式设计 郑亚梅
责任印制 尹晓蓓

出版发行 贵州出版集团 贵州人民出版社
地 址 贵阳市观山湖区会展东路SOHO办公区A座
印 刷 贵州新华印务有限责任公司
版 次 2023年9月第1版
印 次 2023年9月第1次印刷
开 本 787mm × 1092mm 1/32
印 张 7.5
字 数 160千字
书 号 ISBN 978-7-221-17960-9
定 价 48.00元

谨以此书，献给生命中点亮我的人：

爸爸、妈妈、爷爷、奶奶、公公、婆婆以及我所有的家人们；

泰勒女士、J-S女士、隆戈博士、本森先生以及所有的老师们；

霍利、利亚姆、诺亚以及所有的朋友们。

# 序

十五岁时独自一人来到美国读高中，转眼好些年过去了，那棵叫“美高”的树也长出了不少新枝，发出了不少新芽。从美高的学习生活，到美国城市的社会文化，再到我的感悟和建议，我都会和你分享。如果你正在留学，我想让你知道，你并不孤独；如果你考虑留学，我把我的经历写出来，供你参考；如果你只是对留学或者对美国这个话题感兴趣，我想以最质朴的表述方式给你提供更多思考的维度。

从来到美国的第一天开始，我便每天坚持写日结。日结好像成了生活的一部分。每晚整理好第二天的东西，打开电脑，静静地坐在书桌前，任思绪在脑海里流过，不增不减地记录下自己的一天。写好后，配上当天的图片，分享在家人们能看到的朋友圈。他们每天也会坚持给我评论，说一说他们的看法。

此书大多的思路和感受，都来源于每一天最鲜活、真实的体验。时间记录着一切，再微不足道的事情，在时间的发酵下，也会变得不再渺小。

每个周末我都会和爸爸妈妈视频聊天，我们的聊天内容有三个部分：首先，爸爸妈妈会向我提问，了解他们对我这一周最感兴趣、最关心的事情。然后，我以日结为基础，进行分享和发散。这个过程是最有意思的，因为每每在这个时候，我们总会碰撞出无数思维的火花。最后，爸爸妈妈给我分享他们这一周的点点滴滴。视频聊天的时候，爸爸妈妈会边做笔记边和我谈天。每次视频结束后，他们会一起讨论，然后共同写一个复盘的信件发给我。我书中的一些内容和灵感，就来自这一封封信件——它们反映了爸爸妈妈的另一种思考。

小时候，我去商店害怕跟售货员交流，害怕在众人面前发表观点，害怕探索一切的未知……从小学到初中，我乖巧懂事，老师对我青睐有加。但因为那一点点的不自信、那一点点的内敛和那一点点的顺从，我将自己隐藏起来，从不了解自己喜欢什么、想要什么、想成为什么。后来，因为不甘于现状、不甘于平凡，我走出了熟悉的环境，来到一个名叫科罗拉多斯普林斯的美国中部城市。从国内出发时，我的想法很简单，可是随着这趟经历的不断延伸，我对它的理解也在不断更迭和修正。记得刚到美国的时候，我的第一个感觉是不敢相信自己到了美国，但随后的感觉便是不敢想象自己接下来的生活就要在这里独自开始了——这样的环境，这样的生活实在太陌生。然而，也正是这段经历，改变了我很多。

刚到美国，留学的挑战就扑面而来，我一点喘息的时间都没有。我每天似乎都是数着日子等着学期结束，安慰自己：就当是几个月的短期交换，就当是到美剧中真真切切地感受一番。记得那时周末和爸爸妈妈视频通话，我总是压着声音哭得很厉害。那一年，我理解了留学的挑战。渐渐地，在课堂、活动、住家中我找到了适合自己的方式，从被动适应转变为主动探索，那一年，我理解了美高教育的形式与内容。再后来，我慢慢习惯了这儿的一切，琐事一点一点地堆积着——好像这就是我的生活了。那一年，我理解了在美国的日常。快毕业那一年，各种全新的事物卷土重来，外部和内部都在发生着翻天覆地的改变，那一年，带着过去的所有经历和积累，我从机会和困境中理解到了更多。从最开始的出发，到每一次不断前行，这四年的美高学习生活，让我有机会不断探索“出发”的内涵。

我常常在想这段经历的价值。虽然它对于我来说并不容易，且时常伴随着泪水和纠结，但这不是磨难，也无需忍受，这是一次带着青春活力和色彩的选择。它带来的，不是别人的夸奖或肯定，亦不是今后所谓的成功，而是一个一次次认识自己、完善自己、发现更多的机会。它让我生活得更明白、更幸福。幸福不是没有眼泪、没有纠结，幸福是一种能够感受人生百态、世间万物的酣畅淋漓。

关于美国，关于留学，关于生活，我还有很多不了解的地方，我探索的步伐从未停歇。在美高四年的经历，让我得以用全景视角将你带入一座美国城市、一所美国学校和一个美国家庭；我也将毫不保留地把我的困惑、情绪和收获向你一一道来。我不想把这些叫作“干货”，只想告诉你：在美国的一座城市里，还有一个女孩以这样的方式体验着、思考着、成长着。我只想邀你和我共同经历、并肩前行，并期待从中发掘你的故事。

写于2020年12月

# 目 录

第一部分

# 留学挑战

「九年级」

「一个人的选择或许没有好坏，关键在于过程中是否怀着开放和包容的心态学习，同时接纳并抓住一切可能。」

飞机滑过明朗无云的天空，穿过淡粉色的晚霞，又穿越漫长的黑夜，轰隆隆降落在美国科罗拉多州首府——丹佛。走下飞机的那一刻，我似乎感受到一个陌生的，又有点奇特的世界向我走来，把我卷入。

跟随着涌动的人群，我挤入在机场中来回穿梭的小火车。当我站定的时候，车已开始向前移动，那扇玻璃门被慢慢合上；然而，妈妈却被挤到了车门外。虽然我知道妈妈这次和我到美国只是短暂的随行，但是心里总是有依赖。而在这一刻，当我独自一人站在繁忙得让人不知所措的小火车上时，当我心里紧张得不知道应该在哪一站下车才好时，当我思绪混乱到不知如何才能和妈妈汇合时，我意识到：我即将独自一人经历的漫长留学旅程真正开始了。

我目不转睛地盯着小火车上的站点指示牌，全神贯注地听着广播里播报的站名，但是一切好像都变得杂乱而难懂。也不知道是碰巧，还是真的听明白了，当车门再次打开的时候，我快速走了出去。行李转盘在那里，熙熙攘攘的旅客也在那里，我知道我应该找对了地方。好像只是站在那里没过多久，又或许过了很久，妈妈也过来了，我们没有过多交流，只是一同费劲地从行李转盘处取下三个沉重的行李箱，便走出了机场。

我们预订的酒店穿梭班车一直没到，外面的天空也从还有点光亮的深蓝色变成了看着有些沉重、让人不安的黑色。我听见远处传来一阵阵若有若无的雷鸣声，开始有些害怕。这时机场里的人越来越少，马路上的车开来又离去。几辆看上去不怎么正规的出租车停在了我们的旁边，从里面走出来几个高大壮硕的黑人司机。当听说我们要去斯普林斯市的时候，他们都变得格外热情。毕竟从丹佛到斯普林斯有110多公里——这一趟的车费应该不会少。一开始我只是礼貌地拒绝那几位出租车司机，但是我们订的班车仍然没有踪影，妈妈有些动摇，打算坐出租车。我突然变得理性而坚定，深感这样做的不确定性和不安全性。我拉着妈妈走进机场，想要赶紧脱离当下这种让我们不安的环境，然后重新思考并找出解决方案。坐在机场的椅子上，记不清是用自己的手机还是借用机场工作人员的手机，我拨通了住家妈妈洛丽的电话，我磕磕巴巴地向她描述了我们遇到的问题。我虽然没有完全听明白她在电话那头说的话，不过确切地知道她重新给我们订了一辆酒店班车并且应该很快可以到达机场。

坐在班车后排的座位上，我努力在黑夜里打量着这个城市，一次次地在心里问自己：我真的来到美国了吗？我的留学生活就要开始了吗？那年，我十五岁，我没有意识到这条道路会把我带向一个我从未仔细想过、截然不同的人生。

---

我和妈妈入住四季酒店的时候，已经接近凌晨，我们非常疲倦，不用倒时差，很快便睡着了。

第二天我就要到住家开始自己的留学生活。早晨起来，我感到明显的昏沉。接着，还未到中午，我的困意便愈加强烈，这突如其来的困意令我不知所措，不过当时我没有意识到这是由时差和科罗拉多州的高海拔综合导致的。我和妈妈再次整理了行李，走出酒店，钻进了住家接我们的那辆银灰色的小卡车。

我坐在后排，仔细打量着车上的人。住家爸爸瑞恩三十多岁，看上去比照片上要魁梧很多，留着一点胡子，戴着一副眼镜，让人心生距离感却又不失可爱。住家妈妈洛丽披散着一头微卷的栗色中长发，戴着黑框眼镜。她的长脸和瘦小的身板搭配在一起，整个人显得格外小巧。我记不清在车上和他们说了什么，只记得大多时候我只是安静地坐着，妈妈说的则比较多。这样的场景就如同小时候，与刚见面的陌生人一起，我总是依赖父母，而把自己当作一个旁观者。

从车库出来，首先进入的就是住家的厨房。这时，一只浑身黑毛间杂一点白色、棕色绒毛的狗狗热情地向我扑来。它站起来时，几乎跟我一般高。我听见好像有人从地下室的楼梯走上来，心想一定是住家妹妹阿布里埃尔。这个名字不常见，我读着也有些绕口。她笑着走过来，看上去有点腼腆。阿布里埃尔比我小一岁，和我在同一个学校、同一个年级上学。她的头发很长很长，也是栗子色的；她的皮肤很白，眼睛则是咖啡色的；说话声音虽然听上去很细，不过总让我觉得有点僵硬。在来美国之前的几个月，我和他们一家虽然通过视频和发信息，互相有过一定的了解和沟通，不过真正见面了，感受却又是不同的，但那种不同似乎也无法用语言描述。

住家向我们简单地介绍了他们的每一个房间。他们的房子不算大，但也有上下两层，我和阿布里埃尔的房间都在地下层。整个房子是以白色为主色调，硅藻泥墙上挂满了油画、水彩画和照片。我和妈妈在瑞恩的帮助下把行李拖入我的房间，之后便开始整理。

我还是很习惯和妈妈一起做事情，即便知道她几小时后就要离开这里。我内心深处虽然隐隐有巨大的未知感和不安全感，但是至少在那一刻，我的头脑是平静的。我打开硬得像石块一样的真空包装袋，将叠得整整齐齐的衣物一件件拿出来，又一件件地叠好放入床边的白色柜子。我想起我是如何在2015年的那个七月产生出国的想法的：当时我只是觉得在国内我可以看到自己五年后甚至十年后的生活，而那种生活不是我想要的，我想去接受更大的挑战。记得妈妈很快同意我的决定，她认为，我从进入初中后每天被学业负担所压，在国内我或许可以一直保持成绩不错并能考上重点高中、重点大学，但会丧失太多其他的能力，而那些能力比起考试分数，或许同等重要，甚至更重要。

爸爸一开始是持反对态度的，但是经过一段时间的沟通和思考之后也同意了我们的想法。爸爸说："当今世界需要的是国际化人才。想要成为具有国际视野的人，在较小年龄出国或许是一种不错的尝试。"

我还记得我的初中班主任如何每天在办公室用几个小时的时间和我谈话，试图说服我不要选择出国。但我也感谢他在我决定出国后又全力帮助和支持我，使我得以在初三上学期就休学并专注出国的准备。如今想来，当时出国的想法和动机是简单且不成熟的，但是或许正是因为这样，我才有勇气迈出第一步。现在妈妈常会问我："如果再做一次决定，你还会不会选择初中毕业就出国读书？" 我不后悔当时的决定，但如果我现在十五岁，又恰好知道现在所知道的一切，我敢肯定，我已经没有了当初的那份勇气。

当我还陷在回忆中时，厨房里传来洛丽的声音："晚餐准备好了！" 我放下手中叠到一半的毛衣，和妈妈走上楼。我帮着洛丽从厨房把切成一条条的苹果、炒好的肉末和加热的玉米粉薄烙饼等端上餐桌，那只叫德娅的狗狗围着我们兴奋地转圈，瑞恩和阿布里埃尔也走了过来。我记不清我们当时在饭桌上具体聊了什么，只隐隐记得我问了一些关于我即将就读的高中的事情，因为阿布里埃尔从幼儿园便一直在那里读书，想必他们一定很了解这所学校的一切。不过他们的回答轻描淡写，仿佛在告诉我：不要问那么多，我们对那里也不是很了解。在我的印象里，美国人都是热情的，瑞恩一家的反应和我对美国人的印象不太一样。

晚餐后，妈妈就要和我说再见了。那一刻，我才真正地意识

到：我要在这个陌生的国家、陌生的家庭开始自己的生活了。

妈妈离开后，我和住家简单地聊了几句，便继续回房间整理行李。洛丽和瑞恩走进他们的卧室，关上门开始看电视；阿布里埃尔虽然就住在我的隔壁，但她的房门紧锁着。我那晚很早就上床休息了。微弱的台灯让我可以模糊看见房间的轮廓，整个环境相较于国内，格外安静。我躺在床上，环顾房间——那样陌生。忽然，我强烈地意识到，我这会儿躺的地方是美国，我身处一个完全陌生的家庭里，我独自一人在异国他乡的学习、生活即将开始。我怎么也无法入睡，眼泪止不住地从眼角溢出，那种悲伤、无助的情绪，是无论如何都没法控制的。我知道我不应该这么做，但还是起身拿起手机给妈妈打了一个视频电话。我在视频这端尽可能地压低声音哭，哽咽着请求妈妈明天帮我买一些日用品带过来，其实真正的想法不过希望妈妈过来再多陪我一些时间。妈妈总是那种可以给我支持和力量但又懂得放手的人。她告诉我："任何时候我们都在你的身后支持你，但是今后你要学会自己和住家沟通你的想法和诉求。" 现在看来，能和住家有效直接地沟通是与他们建立良好关系的基础。虽然那一周我的情绪跌宕起伏，身体也出现了很多不适，但是通过一点点的调整，所有的问题不知不觉中都在慢慢解决。

---

我到美国的那一年，恰逢美国大选，特朗普和希拉里竞争美国总统职位；也是那一年，里约奥运会在巴西的里约热内卢

举办。开学前的几天，每天晚餐后，我都和住家一起围坐在电视机前观看总统辩论或体育竞赛。

第一天去学校，是一个周五的早上。临近学校的时候，我透过车窗，看见布罗德莫大道上一栋挨一栋的如古堡般精美的住宅，随后，一片茂密的树林映入我的眼帘，树林后面则是一个大型足球场。突然，两只小鹿从我们的车前穿过，好像还向车内打量了一番。进入校园，只见CSS几个英文字母刻在一块石头上，一个不大的湖泊在阳光下闪耀着粼粼波光，分外静谧，湖边还有一座棱角分明的大型体育馆，格外醒目。

我下了车，沿着一段石阶往上走，看见一个叫 “路易莎表演艺术中心”的剧院。玻璃窗反射出的黄色灯光和依稀可见的复古地毯，让我忍不住想要走进一探究竟。接着，我留意到一座华丽庄严的法式建筑物屹立在校园内，十分夺目；后来我才知道，这座始建于1907年的建筑曾经是鲍尔温夫妇模仿凡尔赛的大特里亚农宫修建的私人住宅。我快步穿过一块草坪，再绕过一个带雕塑喷泉的食堂，终于来到了珀玛埃尔——高中部的教学楼。我和另外六个来自中国的高中生被带到一间不大的会议室，国际生老师给我们订了外卖披萨。接着，一位高年级的同学带着我参观了学校，并给我介绍我们碰到的每一位老师。最后，我被带到学校中央的一块绿色大草坪上，在那里，人们围成一个个小圈相互交谈，也有人在人群中来回穿梭，仿佛是想找到一个合适的群体，然后加入。我也在人群中来回走动，不知道怎样才能进入一个聊得正酣的小团体。走动间，我看见树底下有几个同学正在准备分发冰淇淋，便快步走上去，问是否需要一些帮助。他们犹豫了一下，笑着让我一起帮忙。像这样的“冰淇淋社交”活动，那天下午持续了好几个小时，我沉浸在紧张和不安的情绪中。我所看到的一切，那里所发生的一切，都令我目不暇接，又感到无比陌生。那场活动的每一个细节，我到现在仿佛都还记得很清楚，但仔细回想，却又那么模糊。那时，我不知道自己是否已经做好准备迎接在这里的高中生活，更不确定自己是否有足够的能力应对所有这一切。

九年级的学校生活正式开启，周一来到学校，似乎并没有真正开始上课。我跟着一群九年级的同学穿梭于各大教学楼；在一个办公室门口找到印有自己名字的课表，又到另一个走道上找到自己的储物柜并把课表用吸铁石贴在柜子上。对于我这

样一个新生来说，这所学校真的很大，如果让我自己再去走一次刚刚到过的地方，我或许会迷路。九年级一共有二十几个同学，我们陆续进入隆戈博士的教室。隆戈博士很高，脸长长的，戴着一副黑框眼镜，有着辨识度很高的纽约口音。这天，他即将带我们去斯普林斯市的无家可归人收容所进行一天的社会实践活动。我对这样的课程设置感到很新奇。在我的印象中，开学第一天不就是应该分发新课本和练习册，然后安排座位吗？车行驶了十几分钟便到达了目的地。那里的流浪汉和我想象中的不太一样。他们的头发虽然乱蓬蓬的，衣服也不大整洁，但是他们却在收容所里相互愉快地聊天。我们到的时候，刚好是中午，隆戈博士让我们打一些食物，然后坐在餐桌上和这些流浪汉聊天。隆戈博士说："如果你们认为不干净，可以少打一点；如果不想过多地和他们谈话，也可以不谈，不过一定要保持尊重。" 我和另外一个同学与两三个流浪汉坐在一桌。一开始我感到有点不适，不过慢慢经过一来一回的沟通，我们开始了愉快的交谈。他们没有表现出对我们的嫉愤，也没有展现出自卑，我们也用同等的尊重和他们沟通。这种表面上的"人人平等"在我之后一次次的经历中被证实，又在我深入了解美国政治文化之后被击碎。

我还没来得及好好回味那次实践经历，老师接着在晨会上告诉我们，所有高中部的老师同学周四会去山地进行两天一晚的旅行。这些对我来说既陌生又新奇的活动接踵而至，我所熟悉的在一点点地消失，现下所发生的一切都是我从未经历过的，也都是在我的可控范围之外的。我虽然对这次山地旅行有一点点期待，但是却又不安地想着会发生些什么。

---

在去山地的大巴上，我和阿布里埃尔的朋友贝拉坐在一起，不过贝拉一直转身和坐在后面的另外两个女孩说笑，我在那里有点不知所措。下了车，我本以为老师会组织我们一起开展一项活动，我内心也是希望可以被组织起来的，但是老师却告诉我们，这一个下午的时间都是自由活动。我一阵慌张，不知道如何安排可以自主支配的几个小时，更不知道怎么更好地融入这个除我之外早已经互相熟识的同学群体。那时候没有人告诉我，刚刚到美国的高中读书，特别是在一个从幼儿园到高中为一体并以白人为主的学校，没有办法融入、无法交到朋友是再正常不过的事情；完全没有必要因为无法做到社交上的自如责怪自己，更没有必要因为这个感到羞愧。可是，当时似乎所有的声音都在告诉我：你应该多有几个美国朋友。记得当时我独自一人从住的房间走到活动地，一位没有见过面，此后也几乎没有再见过的老师不断地问我："你有朋友吗？你有朋友吗？"因为我当时把有朋友当作衡量自己是否足够融入、足够优秀的社交标尺，所以老师的提问让我感到非常尴尬。我在心里责怪她为什么以那样不屑甚至有些质疑意味的口气问我；回过头再琢磨那位老师的话，我相信她那一定是出于好心的询问，但是作为老师，她没有能够敏锐地察觉国际生所遇到的独特挑战，也没能理解国际学生与美国当地学生的不同。

---

那天黄昏，我尽力跟着贝拉和她的那一群女孩，并一块观看同学们轮番玩尖叫秋千，从而向外界表明我已经融入了——虽然我站在那里仍然像个局外人。过了一会儿，一个教授西班牙语的老师和另一位教授法语的老师向我走过来，笑着问我要不要和他们一起玩尖叫秋千。我犹豫了片刻，但在两位老师的鼓励下，我坐了上去。绳索在一点点地上升，脚下是一片被群山环绕着的山谷。他们问我用中文怎么说“尖叫”，我问他们怎么用西班牙语和法语表达“尖叫”。当绳索松开的一瞬间，我们用不同的语言大声喊着“尖叫”。两位老师并没有向我强调融入和交朋友的重要性，但是他们用行为告诉我，我的文化是被看见和被接纳的，我也是被接纳的。那天傍晚，隆戈博士走过来拍拍我的肩膀说：“你表现得很棒！我看见你尝试加入不同的同学团体并且没有表现出胆怯。我知道这些一开始一定很难，但是你已经做得很好了。” 隆戈博士年近六十，是普林斯顿文学系毕业的博士，虽然看着有点古板、严肃，但笑起来非常和蔼，并且总是能在我自我怀疑时告诉我：“你可以的！” 很多人对美国的鼓励式教育嗤之以鼻，这样的教育虽有一定的弊端，但我们也不得不承认它的优点。我真真切切地感受到老师对我一次次的鼓励在不断地给予我前行的力量，让我可以不会轻易地被打倒，因为我知道我是被关注和支持的。

到美国之前，父母、老师曾一遍遍地告诉我融入美国同学的重要性，高中的国际生老师戈雅蒂女士也在用这样的标准衡量和审视着我，因而我尽力表现出自己已经是一个团体的一份子。下课后我会和那群女孩站在一起聊天，即使他们根本没有打算听我说或者让我说；午餐时我也会紧跟着她们坐在一个圆桌上，但是她们有意无意表现出来的对我的文化、个人的不友好，甚至歧视，让我感到非常不适。众所周知，那一年的美国总统大选，特朗普利用很多美国民众对中国的偏见，煽动他们的情绪，以此获得他们的支持，因而在那段时间，我的许多美国同学也会拿这些话当作课后的谈资，肆意玩笑。渐渐地，我接受不了这种被动，甚至被排斥的社交方式，特别是对于我这种希望有一定掌控感和寻找到规律的人而言，这样的节奏让我感到失去了重心。我决定用自己的方式融入，而非展现出别人期望的样子。我脱离了这一群女孩的社交群体，尝试加入更多的俱乐部和学校活动，希望通过这样的方式建立属于自己，也适合自己的社交网络。

CiCi：

最近一段时间，你又困惑于交不到好朋友，这让你烦恼，让你压抑，甚至有点愤怒。这些爸爸妈妈都能理解，我们也感同身受。一个人在社会上，总需要有那么一两个同龄好友分享快乐与烦恼。特别是一个人在外国求学，更想交上一两个好朋友，这既能相互帮助，也是在异国寻求他人认同的一种心理需求，还能排遣某种孤独感，以及培养一种自信。

今天，爸爸妈妈就我们对你的了解，以及对这些方面的一些认知和经验，想和你聊聊。

首先，认识你自己：

你是一个有主见、有理想、积极向上的女孩，这表明，你的思想是独立的，一般不太愿意接受他人的意见，希望按照自己的方式行事。

你是一个自尊心强、相对比较敏感的女孩，这表明，你对他人的言行举止，特别在意，情绪绷得比较紧。

你是一个沟通能力较强、喜欢表达自己意见的女孩，这表明，你希望别人听从自己。

你是一个做事有毅力的女孩，这表明，你做一件事情能坚持不懈，但有时不能跳出来整体把握事物。

当然，这是我们对你的一些认识的简单归纳，不一定全面，优点与缺点互见，瑕不掩瑜。

其次，什么是朋友？

朋，双月，就是物以类聚；友，志同道合为友。在特定条件下由双方都认可的模式联系在一起，相互尊重，相互帮助，相互支持，有共同语言而经常交流的人为朋友。

俗话说：美不美，故乡水；亲不亲，故乡人。同样的国籍，同样的种族，可能更容易亲近。同为西方国家，或具有大致相同的意识形态（比如日本与美国），也更容易认同。作为国际生，到异国求学，与异国同学的相互认知、相互尊重、相互欣赏，会有一个过程。CiCi，你到他国去，你与他们交朋友的需求大于他们与你交朋友的需求。

朋友，既可以是日常生活学习中经常在一起的人，也可以是某种活动中相互协作而产生友谊的人，还可以是加入同一个平台，比如俱乐部，相互配合、各抒己见、和而不同的人，还可以是住家——他们不是你的亲人，却可以成为你的朋友。这些都是我们在学习生活中的朋友。

CiCi，你先自己把他们当成你的朋友。暂不要在意，他们有没有把你当成朋友。时间会让他们中的人成为你的朋友。

再次，怎样成为受欢迎的人？

1.主动接近希望交往的同学，熟悉能产生好感，但不要太刻意。

2.寻找共同点，多与同学分享自己感兴趣的东西。

3.愿意付出，帮助他人。愿意贡献自己的力量，与他人协作。

4.善于换位思考，学会站在他人的角度看待问题。

5.最后，放松自己，培养自信，才是最根本的。桃李不言，下自成蹊。涓涓细流终究汇成大海，不困于有没有朋友，才能交到好朋友。

宝贝，祝你快乐！爸爸妈妈爱你！

补充几点建议：

1.你们高中是一个相对比较小的学校，学生来源较单一，基本是从小一块儿长大的同学，已经形成了几个固定的小圈子，往往会封闭、拒外，外来同学很难介入，尤其对于外国留学生而言感受会更深。但我们认为，这样的小圈子实际是一种保守的、缺乏自信的小群体，即使是圈子里的人，他们之间的关系也仅仅是维持在表面上的“一致对外”，他们自己也未必感到高兴或真正认同，正如你所感受到很多美国当地同学也在抱怨学校不正常的社交氛围并纷纷有转学的想法。

2.做好自己，不必太在意他人的冷落，保持自信和积极。参加以社交为主的活动时，不必担心如何和同学相处，只需关注自己在其中的任务或角色。在履行好自己的职责的同时，考虑为集体发挥作用。

3.在各种活动、运动、生活、学习中，放松自己，保持微笑和自信，坦然面对一些自己认为使自尊心受到伤害的事（也许是微不足道的小事），一笑了之，幽默解之。

4.爸爸妈妈对你现在的困惑、焦虑，非常理解，感同身受，我们在你这样的年龄也同样面临类似的烦恼，但所不同的是，你比我们优秀，所面临的挑战更大。爸爸妈妈会与你共同商量，共同成长，放大格局，开阔心胸，你会越来越适应，越来越优秀！

爸爸，妈妈

山地旅行结束后我的生活慢慢进入正常节奏。这个学期我一共有六门课，分别是世界文学、地理和历史、生物、视频制作、艺术基础和数学。在住家的生活也变得有规律可循：每天早晨洛丽为我和阿布里埃尔准备好早餐，瑞恩再开车把我们送到高中部教学楼的门口；晚餐时间总是我们一天中唯一可以在一起聊天的时间；周末则基本在家里待着，院子里偶尔会有鹿或者蜂鸟到访。

在美高，我第一次将邮箱作为最主要的沟通工具，第一次使用谷歌教室查看和提交作业，第一次用保密查分网站接收每次考试的成绩，第一次不需要父母在家庭作业上签字……一切都是全新的，我尽力一点点地适应。除此之外，我很快发现，真真切切在学习中掌舵的是学生自己。例如，上课是我们去找老师所在的教室，而不是老师来找我们。正因为这样，上课拖堂、占用学生课间时间的现象，或者老师上课一大半时间用于批评学生、整理作业甚至讲闲话的情况，在这里，至少在我们学校，从未出现过。而对于学生，按时交上高质量的作业，课后向老师请教，考试考出好的分数，参加各类活动……都是在为自己积攒优势，开阔视野。如此，老师与学生各司其职，工作、学习效率大大提高，主动学习而非被动填鸭也成为常态。经过一段时间的磨合后，这里的教学模式，我已经相对适应了。

在具体的课程学习上，一段时间后，我仍然没有找到合适的方法。首先，世界文学、地理和历史以及生物课，我不仅需要读大量的英文书籍，理解生僻词汇，老师的授课内容我也没办法完全理解。我拿着翻译笔，一字一句地尝试理解着课本，同时在得到老师的同意后，我利用平板电脑将授课内容录制下来，放学后一边对照幻灯片，一边播放录好的视频。

做作业时我也常碰到不理解的地方，在自习课上向同学请教，他们也未必能帮得上忙。一次，一位同学问我："你为什么不去老师的办公室问问呢？” 于我而言，到老师的办公室请教问题，总不会是我寻找解决办法的第一选择。因为在我的固有印象中，走进办公室的那一刻意味着权威，更代表着被责骂。终于有一次，我怀着种种担心，走进了生物老师的办公室。让我意想不到的是，她称赞我的问题很好，并且打开笔记本电脑耐心为我解答。自那以后，我不再畏惧进办公室向老师请教问题，渐渐地，我变成了那个最爱提问的学生。

如今总结下来，多到老师办公室问问题有两个好处：一是可以解决在课堂中没明白的问题，从而扎实每一个知识点；二是可以和老师建立连接，增进彼此的了解。但是需要注意的是，在向老师提问的同时，一定不要放弃独立思考，同时，也要培养与同伴建立学习小组的能力。

另外，美国大部分的课堂都会根据学生上课的参与度对其进行评分。然而我发现，当老师提出一个问题时，我的大脑往往需要经过两个思考过程：先是用中文思考问题的答案，再尝试组织语言用英语表达出来；每次当我正在进行这样的处理时，其他同学的答案早已脱口而出。这种时候，我便不敢再次举手，因为我担心自己会给出一个没有新意的答案，更担心自己的答案根本就是错的。即使某一次我鼓足勇气想要举手回答，心跳便会极速加快，让快要举起的手仿佛被什么神秘力量拽住一样，怎么也伸不出来。老师们也许看出了我的担心，他们一遍遍地强调这里没有错误答案，同时鼓励我们大胆发表自己的观点。得到这颗定心丸后，我决心举手回答问题。为了给自己鼓劲，我给自己规定：每节课必须回答两次以上的问题；就这样循序渐进，我在课堂上举手的次数慢慢开始增多。

与此同时，我发现班里几乎一半以上的同学课后都会找辅导老师一对一上课。美国的中小城市虽然没有同国内一样有十分成熟的补习机构，但是学生们仍然可以选择私人教师做课后针对性辅导。在戈雅蒂女士的介绍下，我也找到哈夫特女士，由她对我的英语写作进行指导，这帮我更快地适应了美高课堂。

---

在住家生活的前两个月，也是挑战接踵而至的时期。由于饮食和气候的不同，我的肠胃开始感到明显不适，常常需要吃药才能缓解。我改变了一些生活方式，开始不再学住家那样喝放了冰块的冷水以及每天喝两杯咖啡，而是自己烧热水，尽量让在这里的生活方式更贴近国内的。

除了身体上的不适，住家对我的态度也让我无所适从：从一开始的关注到之后的时常忽视。我常常觉得自己在餐桌上不能很好地融入他们的谈话。国际生老师戈雅蒂女士给我提出了一个建设性意见：她建议我在放学前想好一两个可以和住家谈论的话题，在回家的车上先不要过多谈话，留给阿布里埃尔和她的父母一定的空间，到了餐桌上我再开始我的话题。这个方法很有用，我也学会了事前做充分准备以及利用技巧化解问题的能力。

当然，住家还有一件事情让我很苦恼：阿布里埃尔似乎对我有敌意。当我晚上准备从厨房的架子上取几包零食带到学校吃时，她会大声对着我说：“不要一次拿那么多！”当我为了表示友好问她要不要尝一尝我手中的糖果时，她会轻蔑地向我指出：“这种零食不叫糖果而是叫作水果软糖！”当我整理好笔记本放在桌子上准备上课的时候，她会看似不经意地把我的笔记本碰落在地上，并若无其事地走开……我不知道我应不应该把这些事情告诉洛丽或者直接和阿布里埃尔说，我担心如果处理不当会破坏我和住家的关系。是的，这些看上去微不足道的琐事，让我有了一种寄人篱下却又不知如何表达的感受。

与阿布里埃尔相处时不时会有不愉快的事情发生，这是一种相对正常的现象。你们都是同龄人，但文化和生活习惯有较大差异。如今共同生活，相互之间难免生出各种摩擦，特别是阿布里埃尔可能会显得更加情绪化。你作为国际生在他们家居住，刚开始可能会因为逐渐适应的过程显得比较拘束或对阿布里埃尔更“顺从”，但现在你可以更加自信和自然地与她相处，当然合适的时候也要释放一些友好的信号，特别是和她父母在一起时，让他们感受到你的成熟和对阿布里埃尔的大度。其实阿布里埃尔有时对你表现的一些不友好的行为，反而说明她对你能力的承认。总之，与一个不是很好相处的人在一起，不必过于在意她对你所做的或所说的，以一种大方、自然、自信的态度反而让她无法伤害到你，而且你自己也可以更好享受每一天的日常生活。

爸爸，妈妈

同时，洛丽也梳理出一份长长的家规并邮件给我：

尊重：每一个家庭成员需要彼此尊重。

尊重每一个人的时间。我们是一个忙碌的家庭，每一个人都需要自己的时间调整。晚上10：00后以及早上6：30之前尽量保持门、抽屉和谈话的安静。

脏衣物：

所有人的脏衣物在每个周天共同处理，这帮助我们节约用水。衣物清洗后，每个人都要整理自己的衣物。

如果有紧急状况，脏衣服可以单独洗，但请先询问父母。

与你的家乡沟通：虽然你要与你在国内的朋友和家人保持联系，但是你也需要独立并且融入这里的生活。

周末一天可以打1.5小时的视频电话。

平时除非紧急情况，你不能和国内的家人打视频电话。

……

如今再看着这份清单，虽然很认可大部分的规定，但是心里总觉得缺少了一个家应有的温度、包容和理解。我还记得，我因为倒时差无法入睡，凌晨五点起床吃早餐，制造了一些声响，被住家“警告”；记得一个周末的中午在住家做饭，我在不知情的情况下拿了一根瑞恩准备用来榨汁的芹菜，因而备受他的难看脸色；还有一个周末的晚上，我在房间关着门和父母视频通话，说话声音稍稍大了一些，便收到洛丽“警示性”的短信……我常常在想：在这些规定的背后，他们可曾抱着同理心，尝试体谅一个年仅十五岁的留学生独自在异国面临的挑战和需求呢？

---

从学业到与住家的相处，再到社交，一切一切的全新挑战，都需要我调整。同时，我的情绪词典里还多出了一个词：归属感。我从小在一个被家人呵护备至的环境中生长：上幼儿园时，每次放学，爷爷总会站在校门外等我。他从我的手中接过书包，带我到旁边的杂货铺挑选一根棒棒糖或者牛奶冰棒；到家后，奶奶则在厨房里忙碌着准备晚餐；晚上，爸爸不论多忙都会给我读一个睡前故事。小学和初中也都差不多——周末爸爸妈妈带着我接上公公婆婆或爷爷奶奶，一路上听着播客，或者谈天，驱车到附近的公园散步。我熟悉的画面中，家人总是围坐在一起，他们和我说笑，给我支持和关心。不过，同样是一个阳光洒满地板的周末，如今我却只能一个人坐在窗户边看远处此起彼伏的山脉。在学校我找不到归属感，放学后回到住家我仍然无法得到家可以给予的那份安全感。刚到美国的那一段时间，我几乎每天都有想哭的冲动，根本无法控制那种情绪的流淌。当时我有认真想过，等读完九年级就回国，甚至已

经在心底把这一年当作我在美国的最后一年。

不过，请你相信，即使在当时看来是无法克服的困难，但是经过努力，一切都会好起来的。所以，请一定要在快要放弃的时候再多坚持一会儿。

翻看记录，找到了爸爸妈妈对于我当时情绪的回应：

我们非常理解你现在的状态，每天除了学校的学习和活动，回到住家等待你的几乎是一成不变的生活。很有规律，但某种程度上给人一种单调、无聊甚至寂寞的感觉，这对于一个渴望探索、充满好奇的青春期女孩来说无疑是很大的挑战。平心而论，就这种状态，你现在已经调整得很好了。另一方面，正因为这是一种不得已而为之的选择，你领悟出的很多想法看似很好，但由于年龄和经历所限，它们只是停留在纸面上，并没有那么深刻地影响你生活的方方面面。

现在有一个两难的选择确实摆在我们一家人面前，这绝不能让你一个人面对。相比而言，比起当初决定去美国念高中，现在决定回国还是继续在美国的学业，要容易很多，因为当时我们简单认为美高能够带来不一样的体验，假定它应该比国内更好。而现在，你独自一人在美国待了数月，基本知道你将面对的美高生活的状况，有值得留恋的方面，也有无法忍受的方面。有些可以改善（比如与同学的关系），有些可能无法改变（比如住家父母很忙、周末或放假时间无法安排活动）。但是回国读书也面临许多问题，比如国际学校水平，以后申请美国好大学的难度等等。既然这是一个两难的选择，现在无论你还是我们都很难有一个决定，那我们不如暂时搁置。你将本学期当作为期一年的交换生生涯看待，作为自己难得的一次体验，而且有的事情真的需要时间的沉淀方能看出变化，心里不能太焦躁。

爸爸，妈妈

另一个问题时常会被很多人问起：低龄留学生收获西方教育的同时会缺少亲情吗？我也问过妈妈类似的问题，她在给我的回信中这样写道：

当小留学生走出国门，一个又一个的挑战接踵而至，其中最令其难受的是对家人的思念和缺乏家的感觉。家人在身边，我们会有安全感，有什么不快，可以当面倾诉。独自在外，做事不能任性，要时时注意别人的感受。这样一对比，我们似乎没有理由去受此罪。可是在国内时，想想有多少时候我们看重家庭为我们提供的一切呢？我们很多时候会认为这一切都是理所当然的，很少顾及家人的想法。这样的结果呢？一旦长大成人，会发现很难与别人相处，遇到任何一点挫折，就不知如何应对。所以我认为，在国外尽管有所谓寄人篱下之感，但这样的经历会让我们受益终生。真正的亲情应该是让我们感受来自家人强大的心理支持的同时，不剥夺我们成长的权利。

妈妈

在经过那一段混乱又有些让人焦虑的时间后，我慢慢拿回了生活的主动权。虽然我仍然不能完全理解老师课堂中的讲解或是同学们的回答，但是我更多参与了讨论，也更加期待每一堂课。让我最兴奋的就是地理和历史课中讲到有关中国的部分。不仅仅是因为我可以从不同的视角了解自己的国家，更是因为老师会把我当作一个比其他人更了解这节课的同学，时常询问我的想法。如此，我也更加自信地举手表达自己的观点。这让我愈发意识到文化差异和文化自信带给我的与众不同和力量。

我和住家的关系，特别是和阿布里埃尔的关系，仍然不是那么令人舒适，但我逐渐调整思路，只是把她当作我的一个室友。这样一来，我不会那么敏感，为一句话、一个动作而困扰；相反，还常与他们说笑和分享。

社交方面，虽然我仍然没有交到很好的朋友，但我通过视频制作课的一个项目，对学校老师和同学进行采访，访问了我平时希望更多了解的人。通过这样的形式我更自然地和他们进行互动和交流。

我每周六的晚上仍然会和爸爸妈妈进行两小时左右的视频。在一次次聊天中，我哭过，笑过，犹豫过……不过，每次交流总会让我重新找到方向并拾起力量。

自十月开始，学校的活动又开始一个接一个地到来。我有些畏惧，犹豫要不要参与，但是戈雅蒂女士说："直到你尝试上百次，你才会感到适应。" 我鼓足勇气迈出舒适区。先是参加学校举办的舞会。那是我第一次穿上那么细那么高的金色高跟鞋站在舞池中央，整个晚上，我都觉得时间过得很慢，有点不适应那样的场合，但是至少我参与了。再然后是年级的竞选。竞选的第一个环节是提名。当时我听着同学们举手向老师说出不同的名字时，也鼓起勇气举手说出了自己的名字。记录的那位男同学停顿了几秒，一旁的隆戈博士点了点头，他才把我的名字记录上去。后来我才知道，大多数情况下，人们都不会提名自己作为候选人，现在想来，我那种有点无知者无畏的勇气，让人回味。当时我有很认真地为竞选做准备，一遍遍地练习演讲稿，又细心绘制海报。结果可想而知，作为一个刚来不久的新同学，我落选了。我沮丧了一会儿，很快就把这个结果忘掉了，或许我心里更看重的是参与的整个过程。

很快到了万圣节，同学们可以报名参加服装展示的活动。也不知道哪里来的勇气，我再次报名了。住家带着我逛了好几家万圣节服装店，我选中了一套美国土著人部落服装，当时只是觉得这个服装很有文化代表性。可是，在学习了美国历史后，我才发觉当时的选择似乎过于唐突。因为在美国，关于印第安人的话题一直饱受争议。后来，我还加入了学校秋季的戏剧活动，在莎士比亚的《仲夏夜之梦》中扮演了一位小精灵。我为当时勇于尝试这样一个对语言能力要求很高的挑战感到高兴。我一遍遍练习着夹杂着生词的台词，一次次地在舞台上与同学们排练。最终，我穿上一身金色的服装，戴着一头卷曲的金色假发，在舞台上开启了人生中第一次戏剧演出……成长或许都是连滚带爬的，每一次的参与都不会是完美的，但是却可以清晰地看见我们努力往前的印迹。

这个学期已然过去了大半，对于我所接受到的教育，其质量，我有些不满。例如，在艺术基础课上，我发现，大多数时候老师只是简单地讲一两句，就让我们动手制作。我发邮件给隆戈博士（他同时也是我们高中部的校长），表明我对这节课及老师的不满。隆戈博士只是让我再观察一段时间，如果之后还是不喜欢，再给他发邮件。在后面进一步的学习中我发现，美国的课堂，老师的工作不仅仅是为我们教授实用的知识，他们更像一个火炬，点燃我们每一个人探索这个学科的热情，并帮助我们建立自己的知识网络。

我再次给隆戈博士发邮件，这一次是关于数学课跳级的问题。经过这几个月的学习后，我发现我们所学的数学知识对于我而言实在是过于简单、乏味，我希望跳到更高的级别学习。那位数学老师固执地拒绝了我的请求。我已经记不清楚她给出的理由，不过只知道那些原因并不能说服我。后来我发现，不论我去找数学老师多少次，或是发多少封邮件给隆戈博士，事情都不会有改变。这也让我对美国学校那套固守成规的做事风格感到不满。

---

时间很快到了十一月底，我慢慢习惯了在美国的生活方式。虽然在洛丽出差的时候阿布里埃尔和瑞恩仍然自个儿聊天说笑，并不帮助我融入，我每次和他们吃完晚餐后，都会因终

于脱离那种紧张氛围感到如释重负；虽然在生物实验课上还是有同学倾向于和组里另外一位美国同学沟通实验过程，有意无意地排斥让我参与；虽然中午俱乐部被临时取消后，我会焦虑可以和哪些同学坐一起吃午餐而不落单；虽然……但是我也怀念和住家以及那只狗狗坐在舒适的沙发上看《星球大战》；社区服务日里和同学们在马场给马匹喂粮草后，脱下沾满泥土的手套，坐在石阶上大声说笑；在隆戈博士的顾问组里和同学们分享洒满彩糖或枫树浆的甜甜圈……生活或许就是这样，喜忧参半，让人既苦恼又满足，而正是这一个个看似不起眼的点，串起了我们独一无二的生活。

感恩节很快就要到了，我给每一位任课老师都写了一封邮件，向他们表达我的感谢。我也收到了隆戈博士给我寄来的贺卡，他写道：

**谢谢你在CSS第一个学期中的努力和勤奋。你的加入让我们更好。期待将来更多关于你的成就。**

**约翰·隆戈**

感恩节，住家决定开车到住在博尔德市的阿布里埃尔的外祖父母家度过。那天外面飘着雪，车内的空调开得很足。两个小时后，我们到达了目的地。外祖母曼蒂早已为我们准备好了热气腾腾的辣味牛肉豆，她小心翼翼地打开锅盖，在我们的碗里盛上了辣椒、番茄、牛肉和豆子炖煮的食物，我洒上芝士和酸奶油后便开始享用。没有比在冬日里吃上这样一碗辣味牛肉豆更让人感到温暖的事情了。

第二天一早，我先和大家一起在电视上看了一会儿感恩节游行，然后进厨房主动帮助曼蒂准备感恩节晚餐。我把莓子一个个洗净，曼蒂教我如何熬制蔓越莓浆。锅里冒着小泡泡，蔓越莓汁逐渐浓缩成浓稠的浆，我和曼蒂在一旁开始了只属于我们的聊天。我说起了这个学期面临的许多挑战，也向她倾诉了我内心无法找到归属感的困扰。她是个很好的倾听者，认真听着我述说，还时不时点头、微笑表示对我的认同、理解。我仍然记得她用那双布满皱纹的手把我抱入怀中，哭着安慰我。时至今日，我仍然不清楚她当时为什么哭，只是我深信，她是一位值得信任的长者。

那之后，我开始喜欢向别人分享自己的故事，也不再害怕把脆弱的一面展示出来。我分享我的经历，他讲述他的故事，这样的交流才是有人情味的，也是对每个人都有帮助的。如今因为种种原因，我和曼蒂已经没有了联系，但我一直记得和她一起熬制蔓越莓浆的那个温暖早晨。

时间总是过得很快，转眼又到了圣诞假。我简单收拾了一个登机行李箱就乘车到丹佛国际机场，准备回国。如同我不远万里第一次从中国来到美国一样，这也是我第一次从美国回中国，虽然很期待，但内心多少有一点不安，更确切地说是不知道以怎样的方式把两种文化、两种生活有机地融合在一起。

爸爸妈妈早已在机场等着我了，他们总是用自己的方式，让我感到无比安心。那个寒假我具体做了什么，如今已经找不到多少记录了，但是，我第一次深刻感受到，曾经在国内认为理所当然的一切，是那么的弥足珍贵：可以随心所欲地待在家里，不需要看任何人的脸色；可以自由地表达自己的想法，不会因为语言障碍让原本活跃的思维被迫停滞；可以去任何想去的地方，不需要担心被拒绝；可以被人真正关注，不会被排挤；可以脆弱，不需要假装坚强……这种自由而不孤独的状态是那样的可贵。

我还记得，那个寒假期间，爸爸告诉我，我虽然在美国学会了独立和坚强，即“刚”的一面，但也不能丢掉“柔”的一面；只有做到刚柔并济，才会更加有弹性，更加真实。正所谓钢铁其肩，温柔其心，我非常感谢爸爸及时给我指出了这一点。有的时候我们习惯了在国外的独立生活，突然回到家中，或许会让身边的人觉得有距离感；更好地调整并兼容两边巨大的文化差异，是一个应当被思考和实践的事情。

这个寒假只有三个星期左右。即将离开家人再次前往美国的前几天，强烈的难过充斥着我的思绪和身体。我感到浑身僵硬，没办法思考。去机场的路上，我没有多说话，当车越来越靠近机场，我知道，我要重新启程了。对于我来说，从爸爸妈妈手上接过行李箱，转身进入安检的那一刻，是最困难但也是最迅速的。我不敢回头，也不能回头，一个人拖着两个大箱子，背着一个双肩书包往前一直走、一直走。之后好几年，每当看到机场，即便只是短暂的旅行，都会让我条件反射般地生出不安情绪。但是，这种一次次地说再见，又一次次带着更好的自己回来的经历，让我逐渐明白了“再见是为了更好地再见”的道理。如果一直待在一个看似舒适的环境中，有时候我们反倒会对周围的人和事感到不满。在适当的时候走出去，遇见从未遇见过的，体验从未体验过的，当我们再次回到舒适区时，内心便会更多地感受那份无以言表的幸福。

那一年，爸爸妈妈在新年之际给我写了一封信，提出了几点建议：

一、关于心态调整

你心里应该很清楚，去国外读书，不是简单的学习问题，而是一个全面挑战的过程，是一个不断克服困难、逐步成长的过程，是一个内心逐步强大的过程。这期间会有艰辛，会有纠结，会有彷徨，会有泪水，会有疑惑……但这就是成长的代价。一些人把这些困难看成是不值得、没有必要的过程，想打退堂鼓，而另一些人却把它当作一种难得的体验、一种成长的机会和挑战，从而坦然面对。不管是在国内还是在国外学习，都会遇到很多不如人意的事情和困难，关键看我们怎么去选择、去对待，分析利弊，认清优劣，关注长远，才能理性做出将来不后悔的选择。但目前在考虑选择的同时，更重要的是把当下的学习生活过好（即便五月份离开丹佛不再回来读书，但你在美国的这一段学习经历也是你收获的一笔宝贵财富）。等到五月份放暑假时，再给自己一个清晰而坚定的答案。

接下来的几个月对你的建议：对人对事的态度，要更为宽容、平和、理性，学会有效沟通，学会善意沟通，学会真诚沟通。同时，沟通中学会适当妥协和改变，取得共赢，这是一种人生智慧。世界上任何事情均有利弊两面，正如你所说，每个人都是立体的，那我们看待人与事也应该是多角度的，这样才更准确、全面和宽容。

二、关于待人接物

对自身而言，只要有一个坚定而清晰的目标，就值得我们为之努力和坚持，不论身处何种环境，它都是指引我们前进的初心。所以不要太在意短期内别人对自己的误解、忽视甚至不理睬。学习生活过程也是一场马拉松，做好自己，开心过好每一天才是最重要的。主动、积极、热情地和同学、住家相处，不要把这种相处当作一种负担。俗话说“日久见人心”，相信你的一片真诚付出，一定会得到积极回应。同时也不要认为一旦做了某事，就必须要得到别人的及时反馈或回报。

三、关于处理小长假和周末空闲时间

正如目前采用的方法，在周末适当安排一些体育活动或乐器学习等，都非常好。一方面通过老师和住家的帮助，一方面自己也要主动收集相关信息，在保证安全和可操作的前提下，让自己的周末和小长假更加丰富多彩。

四、关于如何独处

任何时候，独处都是不可避免的，能安安静静享受一段独处的时间，可以有机会梳理近一段时间的学习心得，查缺补漏；而且随着各门课程内容的加深，需要自己花更多的时间和精力查阅资料，做好课前课后的各种工作。在这期间也可以多给住家分担一部分家务劳动，这绝不是一种委曲求全，而是一种生活态度，它可以帮你更好融入住家，同时加深你对美国普通家庭的了解。

五、关于如何处理自己不熟悉、不擅长的活动或课程

对于这些不熟悉的内容，首先要放松心态，不用急于求成。先跟随，再融入；先听别人讲，再自己查些资料，经过一段时间后，自然会慢慢从容参与进去。正如你第一学期刚开始接触生物、历史等课程，也经历了从听不懂到听懂和参与课堂讨论的转变，其中你采取的一些方法如录音、和老师沟通、提前预习、课后归纳等都非常有用，类似这样的方法同样可以用于你现在感到困难的课程中。

总之，我们上面所说的内容，你可能会觉得大多是一些空话和大道理，即所谓“站着说话不腰疼”。但我们希望你能认真读完，仔细体会。我们始终在和你一起努力和成长，尽可能去体会你的内心世界，但这并不能代替你成长。我们提的想法和建议也并不一定准确和全面，最终我们是尊重你自己经过深思熟虑、付诸行动检验后的决定。爸爸妈妈永远是你坚强的后盾和坚定的支持者!

爸爸，妈妈

如果把在美国第一学期的生活比作一座精心挑选的毛坯

房，我需要一步步重构适合自己的生活体系，那么第二学期更多要做的则是改良。我想要我居住的环境更有家的感觉，因此我从国内带来了很多可以贴在家具上的贴纸、挂在墙上的画以及各种摆件和毛绒玩具。我精心地把贴纸贴在白色的柜子上，请瑞恩帮忙把那幅中国剪纸画钉在墙面上，再把毛绒小熊系在窗帘上……整个小屋看上去温馨可爱了不少。如今再看那时小屋的图片，虽然布置得的确不怎么好看，色彩繁杂，又有点拥挤，可它依然让我感受到了不少烟火气和安慰。

我的生日是在一月份，这一年，我十六岁了。提前好几天，洛丽就从塔吉特超市买了蛋糕粉、彩色的星星糖片和奶油干酪霜。我十六岁生日前一天下午，瑞恩和阿布里埃尔都不在家，只有我和洛丽在。我很喜欢和她相处的时间，觉得自在很多。她戴着棉手套从烤箱里取出散发着浓郁香气的蛋糕坯，我在上面抹上一层厚厚的淡黄色奶油干酪霜。这种食材同我以前看过的涂抹在蛋糕上的奶油不一样：这种干酪霜更加厚重，也不易抹开。洛丽让我尝一尝它的味道。当它接触到我舌尖的那一刹那，我的味蕾感受到一阵强烈的冲击。这种奶油比我之前品尝过的任何一种都更甜腻。不过之后，我也慢慢习惯了美国人对这种奶油的热衷；从纸杯蛋糕到生日蛋糕，他们做任何甜品都喜欢涂上这种奶油。接着，我用粉色的奶油和星星糖片做完简单的装饰后，我们小心翼翼地把蛋糕放入一个玻璃蛋糕托盘中。那天晚上我很兴奋，期待着第二天的生日会有哪些事情发生。

第二天一大早，当我走上楼进入餐厅，只见气球和彩带已经被挂在了窗上。“生日快乐”几个英文单词醒目地挂在墙壁上。我很惊喜，心想这一定是洛丽在我昨晚休息之后偷偷起来为我布置的。下午，住家带着我到市中心一家中国餐厅用餐。我和中国老板用中文讲着要点的菜名，感到了些许久违的亲切。回到住家已然天黑，洛丽、瑞恩和阿布里埃尔把他们为我准备的礼物和贺卡给我。我们一起吹了蜡烛，唱了生日歌，又吃了蛋糕。那一天就是在这样充满仪式感的小惊喜中度过的，这种看似有些刻板的仪式可以让我们的生活有更多的期待和厚重感。同时，我还收到了爸爸妈妈写来的信：

CiCi，今天是你在美国过的第一个生日，祝你生日快乐。爸爸妈妈有几点建议希望和你沟通。

一、就你提到的关于与人相处的问题

1.我们觉得，与人更好、更融洽地相处，对每个人而言都是一种挑战。回顾你一路成长的历程，我们观察到，你已经有了很大的进步，比如更加放松，更加自然，更加大度，特别是出国前和出国这段时间，你实际已和许多不同年龄、不同身份、不同职业、不同文化背景的人在相处交流，不仅得到了大家的赞扬和肯定，也交到了一些朋友。

2.你赴美学习时间不算长，文化语言、行为模式及思维方式与他们都有较大差异，别人对你这个“外国人”也不了解，而与人交往是建立在相互了解的基础上，所以你不用着急。

3.目前以积极参加各类体育活动和与学校相关的社会服务活动作为契机，与队友、同学建立共同的话题，有共同的目标和集体荣誉感。这就是与人交往并成为朋友的一个渐进过程。

二、关于对亲情的理解

1.一个十五六岁的孩子远离了父母近距离的呵护，独自开始异国他乡的求学生活，心理上的挑战是最大的。但一个人在成长成才的过程中，都会面临不如意、纠结、孤独等痛苦。对于你而言，想家，想亲人的关爱，我们感同身受，但好在我们可以通过微信、视频、书信等方式倾诉我们的情感。

2.关于你计划春假回国一事，我们建议，一是时间还早，你可以暂时先放一放，了解一下其他国际生有什么安排和打算、住家有什么安排等等，经过比较权衡后再做决定。有些事情，当你陷入其中时，就会觉得非做不可，但当你跳出来审视时，可能会发现还有更多的选择。还有，以你现在的想法，你对回国有很高的期望，你以为，经过短时间的回国调整，你又能鼓起勇气继续美高的学习。实际情况可能并不是这样，人有时往往对将来的事情充满期待，因为它没有发生，可以由我们随意想象，而实际上这可能不仅达不到期望的效果，反而是一种不必要的折腾。我们也就此事与爷爷奶奶、公公婆婆商量，他们都很想念你，都希望能尽快见到你，但他们都认为春假回来不是明智的选择。我们都觉得，如果春假回国，除了路上消耗精力，在家待一周的时间，无非就是体验几天全家人一起的生活和无微不至的关爱，几天后又要返美上学，这会让人更难受；况且这种短暂的安慰实际上并不能起到多大作用。所以你不用太早下结论，也不用急着去和老师讲此事，先缓一缓，跳出来思考一下。但有一点请你放心，春假是否回来，仍然由你最终决定。

16年前我们的女儿出生了。你已经从一个牙牙学语的小不点成长为一个独立、自信的小留学生，我们为你感到骄傲和自豪，我们也乐意与你分享你在成长过程中的快乐、泪水、取得的成绩和遇到的困难。十六岁对于一个人来说，是思维更加活跃、视野更加开阔、开始走向成熟的重要节点，爸爸妈妈祝你生日快乐、健康成长！

爸爸，妈妈

---

地理和历史课上，我们要参加一个叫“国家历史日”的比赛，每个同学会根据当年的主题呈现一个作品，以展示一个历史事件。那一年的主题是 “表达立场”。我首先想到的历史事件是五四运动。我决定制作一个纪录片，并且录制自己的解说为旁白。第一次做这样的大项目，我有些摸不着头脑。我漫无目的地一边在网络上搜索关于五四运动的资料，一边记录下可能会用到的知识点。文章大致写好了，可是当我把它交给历史老师本森先生审阅时，得到的评价却是：杂乱无章。的确，我只是把我认为适用的所有信息拼接在了一起，并没有仔细思考我的主题是什么，我想要传递什么。为了解决这个问题，我请私人辅导哈夫特女士协助，她一边看我的文章，一边向我提

问题，我再尽力回答问题。这样一来，我的逻辑更加清晰，文章也基本完成了。我发现，打磨文章的困难一点也不亚于写文章，甚至比写文章更难。

我找到了很多关于五四运动的音频、视频，利用在视频制作课学到的技巧，进行了拼接和配音。这次本森先生给我提出了更高的挑战：我们学校附近的科罗拉多学院有一位哈佛大学毕业、研究中国历史的教授——威廉姆斯教授，本森先生建议我在网站上搜索他的邮箱，并且发邮件询问是否可以采访他。我觉得他的提议有些不切实际，我心想：一个大学教授怎么会利用周末时间特地接受我这样一位高中生的采访呢？我没有抱太多希望，发出了邮件。让我没想到的是，威廉姆斯教授很快回复了我的邮件；他不仅愿意在周六的早上接受我的采访，还细心地在邮件里附上了学校的地图和他办公室的地址。

因为没有录像机，我便带了一个平板电脑和一台写满问题的笔记本电脑到了科罗拉多学院。不一会儿，威廉姆斯教授也到了。他带着我走上楼梯，进入他的办公楼层。那一层楼的墙壁上挂满了中国的文字和东亚各国的手工编织饰品。威廉姆斯教授笑着向我问好，还强调说为了这次采访他特地穿了西装。进入他的办公室，他选择坐在书架的前面，说这样录制出的效果更好。在经过他的同意后，我把平板电脑打开，放在高一点的桌子上开始录像。我一个个地抛出问题，威廉姆斯教授很认真地一一作答，不时说："这真是个好问题！" 那次采访很顺利，更让我没有想到的是：这样一位能力出众的大学教授竟然会如此认真地对待一个高中生的采访。他好像不是令我生畏的高高在上的权威，反而更像一位愿意帮助更多对历史和文化感兴趣的青年的良师。在之后的学习过程中，我发现有很多这样的权威人士愿意花费他们的时间和精力帮助学生。他们不会因为我们还是孩子就轻视我们，更不会以居高临下的态度和我们相处。所以，在美国的那几年，我有机会接触到了来自各行各业、不同背景的 “成功人士”。在与他们的相处中，我学会了如何和 “权威” 相处，更从他们身上学到了一种难得的品质——谦卑。

我在初赛中取得了值得庆祝的成绩。作为我们班唯一获奖的纪录片，我的作品不仅获得了三等奖，还得到了去丹佛参加决赛的机会。这对我这一段时间在学术上的努力是一个很好的肯定。几个月后的决赛中，我逻辑清晰，应对自如，发挥也不错。值得一提的是，阿布里埃尔的祖父母特地来到了比赛现场为我加油，他们的到来让我真切感受到了一个美国大家庭给予我的发自内心的欣赏和赞扬。一个自然的拥抱，一个关切的眼神，一句真诚的赞赏，对于独自在外留学的我来说，是理解，是认可，这给了我莫大的温暖和安慰，也让我找到了一种久违的家的感觉。

---

刚开学的这几个月虽然充实而令人振奋，但是我九年级结束后就回国的想法仍然没有改变。我有认真思考过这个问题，爸爸妈妈也愿意同我一起认真考虑，我很感谢他们当时没有立

马指责、否定我的想法，这让我觉得我是被支持的，因而更加充满了勇气。回避永远不会是解决问题的途径，只有相互坦诚交流，以包容之心看待对方的想法，问题才会真正被解决。

打开当时写的日结，有这样一段文字：

> 我感觉这些日子是靠着毅力、坚韧、梦想走过来的，可是渐渐觉得很累，就像一根拉紧的弹簧一般。我感受到我需要那份只有自己的国家、家乡和家才可以给予的安全感。虽然这里很好，没有旁人干扰，无需牵绊，可以按照自己的想法一天一天规律地过着，但我又像在禅修打坐，定力不够时便会很烦躁，甚至想要逃离。我觉得，内心希望在这段时间回到国内，是完全可以的。正如一句话说的，“一个人既有目标，又专注于当下；既为利益，又为分享；既活出高度，又不能没有色彩”。的确，我应该专注于当下的诉求，不能让生活没了自己喜欢的色彩。我时常觉得，人生本就是在不断找寻平衡。正是通过追寻内心，不拘泥于别人眼中的好，我才可能看见更广阔的天地，找到自己生活的平衡。

如今看着这段文字，觉得可爱又真实。当时我的能力还不够、内心还不够强大、对周遭的人和事没有完全了解、还没有形成适合在异国生活学习的风格和节奏。同时大脑里的那根弦绷得太紧、心态又急、只想快点得到一个结果，不懂得放慢脚步。每当提到这段经历，我都会笑笑说：“这就叫成长，那份慌张就叫青春。”

我十分感谢国内的亲人们在我最脆弱时给的安慰，那一段段文字一次又一次地温暖了我：

透过文字，能感受到你当时最真实的心境以及喜怒哀乐。其实，人生就是这样，不管你是否准备好，你都不得不去接受一个又一个的困难与挑战。只要放开自我，勇敢面对，积极解决，认真总结，你会发现，那些挫折与困难，其实都是可以跨过去的坎。所以，选择比努力更重要，坚持比放弃更艰难。你做到了，加油！

再：

要学会自己照顾自己，在异国，你会有许多期待、不安、喜悦、惶恐……但不管有多少种感受，你都要学会坚强和珍惜。不能改变的，就要学会主动适应。我想你是个无畏的好孩子。

家人

除此之外，当时我因为对未来的打算有太多的不确定，情绪波动也很大，所以，即使春假只有不到十天，我也希望回国。住家和戈雅蒂女士都极力反对，但那时我没有仔细分析春假回国的利弊，只是不敢想象十天不上学只能待在住家的生活。我试图摆脱那种一成不变的生活，也希望给内心的不安找一个出口。爸爸妈妈虽然也认为这个决定不明智，但仍然把决定权给了我。他们总是在关键时刻给我建议，但从不替我做决定。最终，我仍然决定回国过春假。戈雅蒂女士是一位负责但也非常强势的高个子金发女士，当她知道我的计划后，指责我没有和她商量就订了机票。同样，住家也表示无法送我到丹佛国际机场，只能送到附近的斯普林斯机场（机票更贵，飞行时间更长）。

十天的春假很快结束，我再次返回了熟悉又陌生的斯普林斯市。因为时空和时差的双重转换，我的情绪仍然起伏不定，我始终在纠结到底继续留在美国还是回国读书。记得刚回去的那个周末和爸爸妈妈视频时，我哭得很厉害，我们探讨的话题是：人的一辈子到底该如何度过？妈妈谈到："所有设计好的人生都不是真正的人生。人生的道路需要自己一步一个脚印地走出来，我们用心去感受大千世界，我们看到、听到、闻到的一切汇总进入大脑，这些经历慢慢丰富了我们的人生，让我们的心智更加成熟稳定。"爸爸接着补充道："我们应当时常问问自己的内心——什么是自己所追求的？什么是自己的愿景？我们愿意为自己所追求和期望的努力吗？如果愿意，那就不要过多地纠结和焦虑，做好当下，成为更好的自己。" 的确，我不需要做选择题，只需要一步步踏踏实实地走，看看它会把我带向哪里。

几周后的一天早晨，我拉开窗帘，斯普林斯雪花飞舞，大雪将小院包裹在其中，很静很静。雪片从凛冽寒风中落下，但屋内却那么的暖。我喜欢这样静谧的雪天。列出待办事项清单后，我走进厨房，煮上热牛奶，倒入装有可可粉的马克杯中。德娅在我身旁静静地坐着。我往杯中放入两颗棉花糖，又往杯顶挤上奶油，然后端着热巧克力回到房间。中午小憩醒来后，天渐渐暗下来了，灰蓝色的天空中，一切都静止了，雪也停

了。在这难得的静谧日子里，我有了更多思考和审视的时间。那天晚上，我打开一个空白文档，写下了我在过去几个月中所做的事情以及我希望接着去做的事情。是的，我还没有好好了解过这座城市。

那个周末，我决定开启斯普林斯“探险之旅”。取得住家同意后，一大早，我独自坐着优步，先到市中心一家很有名的餐厅吃过早餐，接着去了奥林匹克训练中心，通过讲解员了解了那里的故事。行程的最后，我去了博物馆，它丰富的馆藏让我记忆犹新，其中最深刻的莫过于它保留的古朴电梯和一个古老而精致的法庭。当我一个人在这座城市里穿梭，用自己的方式去探索它的时候，我感受到了平静和自由。我突然意识到，当我们的思维陷入某种僵局时，我们不妨出去走走，这或许可以让我们不再过度纠结那些看似重要的小事，而是从更广的视角审视自己，从而理解这段经历。

---

我们学校每年三月会举行一个特别的活动：为期三周、以体验为中心的学术研讨会（ECS）。今年，我参加的项目叫“法律和秩序”。参与这么专业的研讨会，我为自己感到担心；不过，作为仅有的选择，我只能像之前一样，不论结果如何，先去做。

和我一同参与这个项目的，有九年级到十二年级的学生。在第一次会议里我了解到，“法律和秩序”是一个帮助我们了解美国司法系统如何运作的研讨会项目。

这三周的经历，如今在我的记忆里仅剩一些零星的碎片。记得有一天，我们参观了斯普林斯市唯一的监狱，那是我第一次走进狭小的监狱室并和监狱长交流。监狱长给我们介绍了犯人们在监狱中的日常生活，还提到监狱耗资逐年增长、犯罪率在不断攀升的趋势。虽然当时我不太理解这其中涉及的社会和政策问题，但正是这样的“走出教室”活动，让我开始关注学校以外更广阔的社会空间。

我们参访警察局时，只见人们繁忙而有序地忙碌着：有人负责接听报警电话，有人在犯罪实验室做指纹检测……下午，一名警察驱车带着我和另外两名高年级同学前往路边用仪器排查来往车辆的超速问题。我当时很纳闷，因为我认为这样的人工排查，效率极低，不过接下来的经历让我了解了他们这样做的真正动机。在弗洛伦萨街区，我们发现一辆红色小轿车严重超速，这位警察便载着我们快速前去拦截。经过简单的交涉，警察发现车上的几名乘客没有身份证，他们的神情也显得很紧张。随后，警察从他们的车上搜出了非法毒品和枪支。这时，其他几位在附近排查超速的警察也赶了过来，他们将车上的几个人全部铐上并押上警车。原来，警察们这是在借排查超速发现犯罪行为。每当回想起这次经历，我都不敢相信，这种之前只在电影里见过的场景，我竟然亲身经历了。与此同时，我也察觉到，这次经历存在着潜在的危险——美国很多枪击事件都发生在警察排查车辆问题时，想到这，我不禁感到后怕。

项目接近尾声时，我们到了当地法院的少年法庭。这次的参访，我们不仅仅是旁观者，更与专业人士一同坐在法院的桌子前，与因不良行为被法律制裁的青少年谈话。通过和背景各异、犯罪行为不同的青少年的交谈，我开始思考：司法体系应该如何对待未成年犯罪？家庭、社会、政策等因素对青少年的犯罪会产生怎样的影响？

ECS不仅仅是参观学习，我们也需要在活动最后一周和团队成员合作，为课程最后的模拟法庭做准备。我的小组是代表原告一方，即宾夕法尼亚州联邦政府。我们得到了厚厚一叠关于一个纵火案的资料。这个案件初看清晰明了，但是当我和小组成员反复阅读并且和帮助我们的一位专业公辩律师讨论后，才发现案件并非看上去那么简单，里面很多看似不起眼的细节对案件的最终走向都产生了至关重要的影响。并且，我发现法律工作不仅仅是一个只需要运用好法律条款的工作，它更是一个需要我们运用跨学科思维以及一个以人为中心的人道主义精神去对待的事情。

我在这个模拟法庭中的角色是一位目击证人，即被告的母亲。我再次来到了博物馆内那个历史悠久的法庭中，我向在场的法官、陪审团以及其他所有人详细叙述我了解的状况，并且回答了律师对我的交互盘问。作为一位刚到美国的国际生，我为可以站在那样庄重的法庭前展开案件陈述感到既紧张又兴奋，更为以这样的方式结束我第一学年的学术研讨会感到鼓舞。

当然，除了这个模拟法庭的活动，我还和一位比我高两个年级的美国女孩向全班做了一个关于犯罪和贫穷的报告。令我没有想到的是，在之后的十、十一和十二年级中，我并没有就此停下来，而是对这个话题进行了更加全面和深入的探究。

这次的研讨会，如果问我是否学到了具体的司法知识，那我的回答或许是否定的。但是我认为它让我得到了相比具体知识更有价值的思考，这也是不局限于课本学习的意义所在。我开始思考社会对于个体的影响，思考法律对于每一个公民意味着什么，甚至在听取不同法律者的职业故事后，思考成为一名法律从业者对于个人和社会起到的积极作用。

这个学期也快结束了，那周与爸爸妈妈视频后，他们写道：

这段时间以来，我们仔细阅读体味你的日结，还有和你的视频聊天的内容，深切感受到你在各方面与初到美国相比都有不小的进步。学习上，你不仅各门功课齐头并进，取得优异的成绩，而且在课堂上积极发言，参与讨论，与老师保持良好的沟通，也得到了老师的肯定。刚收到的月报上，老师对你的写作能力和表达能力都很认可，尤其提到你有对问题的思考能力。生活上，你不仅逐步学会了照顾好自己，增强了独自处理各种生活问题的能力，而且还通过志愿者活动及与住家的交流学会了包容与大度；体育锻炼上，你不仅积极参加各种体育活动，丰富了自己的周末生活和业余生活，而且体味到运动的乐趣；与人交往中，你不仅学会了与老师、辅导员、教练等充分有效沟通，而且还学会了保持平常心与同学相处。总之，我们感觉到你在一天天进步，整个人长大成熟了很多。

爸爸，妈妈

虽然生活被琐事慢慢填充了，我的注意力不再放到选择留在美国还是回国这件事情上，但是和住家相处仍然让我感到不适。

接近期末时，我开始跟一个在乐队吹奏长笛的同学学习。这个想法的产生也很简单，第一，九年级的学业较轻松，学习之余我多出了不少可以自由支配的时间；第二，我们学校的乐队基本算是一个管弦乐团，所以可以坐在第一排吹奏一个乐器一直是我想要做到的。我开始花时间练习长笛，希望在十年级开学时能够从今年的打击乐手转变为一名长笛手。有时，在住家吃完晚餐后已接近20：00，为了完成当日的训练任务，我会选择休息半小时后开始练习长笛。然而，我却收到了洛丽发给我的一条信息，简短得让我有些不知所措。她告诉我，瑞恩通常在20：30后就入睡，因此她希望我不要在那之后练习长笛。从整个时间安排上，我认为选择在晚餐后练习吹奏长笛合情合理，但是这并不被他们接受。这件事情让我再次感受到，和住家相处，无形中让我做任何事都更加小心翼翼。

还有一件小事也让我印象深刻。记得那次春假结束后刚从中国返回美国，刚开始的几天我无法入睡，很早便会起床。有一天，我起床后，把关在进门区的德娅放出来陪我。虽然德娅没有叫，但是她兴奋的脚步声却吵醒了瑞恩。他走出来一脸严肃地指责我为什么把德娅那么早放出来。虽然他说的一点也没有错，但是我心里却是委屈的。由于倒时差造成的睡眠不足和情绪波动，我已然感到有些脆弱，但是我的这些困难却没有被住家关注，他们反而始终站在利己的角度指责我。

这些时候，我总会拿住家和国内的家作比较，但是我渐渐发现，很多时候是矛盾的。在这里想着这里的不好，而在那里，又想着这里的好。这或许是因为不论哪里都有好有坏，只不过我们记住的总是最美好的那一部分。因此，我们需要做的，不是沉浸在无谓的比较中，而是拥抱生活给予的一切。

思考了很多，也似乎明白了更多的道理，但是我仍然不喜欢这个住家。四月份左右，下午三点放学后我便不再有体育项目，可是我并不想这么早就回到住家。我听说我们学校的幼儿园在放学后有一个项目，很多小朋友会在那里一起玩，等爸爸妈妈下班后接他们回家。我很喜欢和小孩子待在一起，便发邮件给幼儿园部的校长询问我放学后是否可以到幼儿园当志愿者，她欣然应允。当我走进那个铺着柔软地毯、挂着五彩涂鸦、到处堆放着童话书和玩具的教室时，在住家生活带给我的不安和恐惧全部被冲散。我坐在教室，和小朋友们一起堆积木，给他们读故事，还教他们剪中国剪纸……偶尔也会和幼儿园校长站在草地上，一边看小朋友们嬉戏，一边聊天。有一次，我因为一些事情好几天没去幼儿园，当我再去的时候，一个卷发的黑人男孩和另外几个金发女孩跑过来抱着我说："我们很想你。" 我喜欢这里的一切，也享受和小朋友们待在一起的时间。就这样，每天放学后过来帮忙一两个小时，我的内心渐渐又找回了久违的安心和平静。更让我想不到的是，在一次晨会中，我竟然因为这个志愿活动被选为周明星。我意识到，不论是做志愿者的时长还是周明星的称号，都是副产品，我们只要真正用心做好事情本身，其他的都会在不经意间收获。

---

有一天，我在客厅帮着洛丽整理挂件，她突然对我说："我们第二年不再接收你作为我们的国际生，因为我们每一年都会接收一个新的学生。" 虽然我并不是很喜欢他们家，但是突然听说这个决定，我一时还是无法接受。

学期快结束的一天，住家请我在一家法式火锅餐厅吃芝士锅底和巧克力锅底的火锅。我和他们聊天，心里虽然在为能否找到下一个合适的住家而担心，但是却有着从未有过的自在。回到住了一年的小屋，我开始收拾行李。当一件件的衣服被叠入真空袋，一个个的摆件被放入收纳盒，一本本书被堆进行李箱，我感到一种仿佛即将毕业的兴奋。

在住家的这一年，我经历过很多从未经历过的小插曲，但当我准备离开他们家，不再带着情绪回顾的时候，我心里更多的还是感恩。大脑中留下的，是我与他们一家一同在万圣节布置房子、雕刻南瓜时充满欢声笑语的画面，是我们带着德娅在阳光明媚的午后到狗公园的惬意，是我与洛丽在街区一边散步一边聊天的释然，是我与阿布里埃尔在动物园喂食长颈鹿的欣喜……我更感谢这段经历让我学会了如何处理各种关系，如何在困境中让自己生活得更好，如何融入一种完全不同的文化，同时保持自己独有的文化特征……听说我们一生大约会和八万人有交集，谢谢洛丽、瑞恩和阿布里埃尔——好好遇见，好好告别！

「人生总要有那么一段经历，它是你的选择，是你勇敢、无畏的选择。那段经历，带给你的是成长、改变以及与众不同。」

第二部分

# 美高教育

「十年级」

「正是因为生活不完美、自身不完美，我们才不停追逐，完善自我。所以，是不完美成就了完美。」

写完九年级那段经历时，我感到如释重负。对我而言，进入十年级所发生的一切都是全新的，令我目不暇接。我选了不同的课，认识了更多的老师和同学，还有了一个在接下来的三年中一直相处的新住家。

这是2017年的8月，飞机再次降落在了丹佛国际机场，我知道新的住家一定在接机口等着我。我匆忙走进洗手间，整理了一下十多个小时的飞行带给我的疲惫。忽然，一阵紧张感遍布全身，我的脚步也变得沉重起来。新的住家是怎样的一家人？他们会对我有什么要求？我会和他们很好地相处和生活吗？带着这些顾虑，我看到一位身材胖胖的、有着一头短发的、三十几岁的女士正向我挥手。是的，她就是我新的住家妈妈霍利。在我们一起走向行李转盘的途中，我看见一位个子很高、身材很壮的光头男士也在那里。霍利给我介绍："这是丹，你的住家爸爸。" 他们手上拿着几个可爱的气球和一个写着"CiCi，欢迎回来"的牌子。虽然还没有和他们正式相处，但我却已经感受到了他们给我带来的温暖。

当坐上新住家的蓝色本田商务车时，我再次感到难以置信。相比第一年来美国留学时的心境，这一次，我不敢相信我自个儿拖着两个大行李箱，跟着一个从未见过面的美国家庭，很快又要开启另一段旅程了。

那天晚上，在夜色中，车开到了一个安静的小区。他们的房子很大，应该有三层。我没有多想，拖着行李箱走了进去。一只叫科兹摩的狗狗和一只叫亚历克斯的狗狗在门口围着我转；胖乎乎的、有着一头金发的三岁男孩利亚姆，和七岁的瘦小的诺亚，也跟着过来；坐在沙发上等着我们回来的住家奶奶菲利斯和住家爷爷唐也起身跟我问好。一下子来到这样一个大家庭中，认识这么多的人，我感到无比亲切。

霍利是一个全职妈妈，平日里常到我们学校帮忙筹集资金，或为活动烘焙甜点。有一次在学校，她听到戈雅蒂女士说起希望为一个中国女孩找一个新住家的计划，因此也听说了我和洛丽一家的事情。坐在沙发上，我们聊了一会儿天，唐半开玩笑半认真地向我"吐槽"阿布里埃尔的"不是"，气氛轻松而热闹。

那天已经很晚了，唐和菲利斯跟我们道了晚安，霍利和丹也带着两个孩子准备洗漱。我回到房间开始整理行李。生活继续着，我的十年级很快就要开始了。

第二天我起得很晚，当我走下楼时，唐正在为我们，更是为我的到来准备丰盛的早餐。桌上放着被叠得高高的薄烤饼，还有甜味四溢的糖浆、蓝莓酱和草莓酱。我站在餐桌前，一边和大家说早上好，一边看着唐站在厨房里熟练地把搅拌均匀的面糊倒入平底锅中。诺亚和利亚姆在客厅打闹，丹坐在沙发上看早间新闻，霍利则安排我们依次落座……看着这样一个充满烟火气的场景，我的心里仿佛被暖阳照着一般。

那天下午，我基本都在整理行李和布置房间。除了我从国内带过来的两个大行李箱，还有丹帮我从洛丽家搬过来的大大小小四五个收纳盒。霍利时不时过来问我还需要什么，或是拿

来一个刚刚烤好的纸杯蛋糕让我品尝；两个男孩也很兴奋，他们跑到我的房间好奇地问："箱子里到底装了些什么？"我把房间中的小电视打开，播放了一个关于恐龙的电影，两个小朋友立马便安静下来，坐在地毯上全神贯注地看，而我则继续在一旁收纳。

晚餐时间同样是一天中最重要的时刻，因为这是所有人放下自己的工作，在一起相互分享的时间。我下了楼，站在餐桌前，有些局促，等着住家给我安排座位。我平时不喜欢坐长方形餐桌两头的位置，因为我觉得这样不容易和餐桌上其他人互动。幸运的是，菲利斯让我和诺亚并排坐；我的对面是菲利斯和唐，诺亚的旁边坐着丹，而我的另一侧则是坐在儿童餐椅上的利亚姆和照顾他吃饭的霍利。换句话说，我的左右两边都是住家小弟弟，这样的安排让我觉得很自在。

餐后，我把从国内带来的一幅手工刺绣当作礼物送给住家。他们看上去很喜欢，丹马上在墙上钉上钉子，把画挂在了客厅。很快，两个弟弟就被要求上楼洗漱准备睡觉，我和菲利斯、唐道过晚安后也上了楼。看见丹和霍利陪着两个男孩在卧室里看《宝贝老板》，我走进他们的房间，虽然有些局促，但也坐在地毯上和他们一起看。

回到房间，我内心充满感激，感谢能在茫茫人海中遇见这样有爱的一家人。那天晚上，因为时差原因，我再次凌晨三点便醒了。像这种半夜醒来无法入睡的感受，只有在真正体验的那刻，才会知道有多么折磨人。在这种时候，不仅仅有焦虑，伤感更会不断窜入脑海。很长一段时间，我都害怕倒时差，因为这实在太痛苦了。至少得好几个晚上一定睡不着觉，生物钟在短时间内肯定很难调整……在我的这段叙述中，你一定发现我用了很多表达绝对的词汇。其实，当我们不让头脑做任何判断，并顺其自然地面对变化，会发现少了思维强加的条条框框，我们会在不知不觉中适应新的环境。对于倒时差，除了思维方式的调整以外，还有几点对我也有帮助：第一，晚上稍微晚一点上床，并且在那之前做一些让自己心境平和下来的事情，例如写作、看书；第二，尽可能让整个房间的室温低一些，光线也调暗一点；第三，准备一个无线耳机和可以听的播客，如果中途醒来可以戴上耳机听一听，这样能够帮助我们放松下来。

---

这次回来的调整时间只有一个周末，第二天一早我就要去上学了。和九年级一样，开学第一天我们没有正式上课，而是开展了一个帮助所有人调整状态的活动。早上，一位出家人敲着木鱼，带着我们做冥想练习；中午，在艺术老师的指导下，我们在石头上画一种可以让人放松下来的图案；到了下午，我们一起在草地上做了瑜伽，还幸运地观测到了日全食。少了九年级太多的不确定感，这一次的活动，我感到自己可以更多投入活动本身。

同样，我们再次在正式课程开始之前举行了山地旅行活动。整个高中部全体出动，前往活动营地。这一次，我的内心还是有些不安；在美国，参加这样的大型社交活动，我都是忐忑的。然而，相比九年级参加活动时的极度紧张，这次还是轻松了一点。

今年我们学校来了好几个来自不同国家的国际学生和短期交换生，作为在CSS有过一年经历的国际学生，我很快认识了他们，他们也很信任我。在前往山地的大巴上，我和来自西班牙的短期交换生安吉拉坐一排。记不清当时我们具体聊了什么，只是觉得有一个小伙伴一起很踏实。这种微妙的心理看似荒谬，实则十分合理。在马斯洛需求层次中，人对安全感和归属感的需求本就是极为重要的；而对于国际生而言，想要真正在安全感、归属感上得到满足，又是那么的困难。现在想来，我们应该直视这个需求和面临的困难，同时不要把一些问题错误地归因于自己“不够好”。在接纳这些事实的同时，主动做出一些调整和改变；不强求结果，因为过程本身就是留学的价值所在。

这次，我带着更放松自在的心态开始了几天的山地生活。我不仅仅和几位刚结识的朋友再次尝试了从山地高处直落山谷的尖叫秋千，还第一次参与水上活动，玩了水上排球和滑梯；下午，当太阳不再那么刺眼，我和同学们一起打沙滩排球，就连几位老师也加入了我们的队伍。晚上，我坐在篝火旁，拿着一个穿在铁签上的棉花糖，将它放在火上烤，待它即将融化时，快速将它和一块黑巧克力夹进两块饼干中间。坐在布满星星的深蓝色天空下，在篝火旁，我和身边的几位老师聊天。如今回想起来，那样的场景依然那么令人神往。

第二天，出发回学校之前，我又跟几位同学玩了尖叫秋千和绳索游戏。第一次勇敢地探索，第一次不再畏首畏尾，第一次真正享受活动本身……我想，这一个小小的进步，标志着我再一次的成长。九年级时，我原以为事情不会变得更好了，我不可能适应并融入这里，但这一切仿佛发生了变化。我好像什么也没有做，又好像做了很多。生活总在我们一次次遭遇打击的时候，又给一点点鼓励，并提醒我们该以动态的眼光坚持前行。

---

这个学期，我的课后运动跟九年级时一样，还是打排球。住家弟弟下午三点就放学回家，我训练排球则是下午五点到晚上七点。一开始，住家本打算让我每天下午坐校车回家，一番搜寻后发现没有那么晚的班车，便想出另外一个解决方案，即霍利每天下午接诺亚回家，而丹下班后再接我。住家就这样坚持了整整两年，我至今依然觉得他们格外体贴。

这一年的排球训练让我感悟非常深刻。我的排球技术相较于队里很多白人女孩，有一定差距。我模糊地记得，在训练很多项目时，那位韩裔美籍教练总让我们几个技术不好的队员在一旁观看，导致我们根本无法参与；每次打比赛，我们几乎全程坐在椅子上，没有上场的机会。

CSS的教学理念是让每一个学生都有机会探索和参与，所以，这位教练如此安排有违学校宗旨。在异国，我本来就多少有一种不被重视和被排挤的感受，在排球训练场上，这种感受更是无比真切，这让我感到不安。我变得更加不自信，不敢主动接球，不敢与团队的女孩们相互打气，不敢和教练、队友交流……

自独立生活以来，我已养成了主动解决问题的习惯，于是我主动约见了学校负责体育项目的主管。我和主管阐述了我遇到的问题，表达了我的感受，她认真倾听并适时做出回应。

或许是这次谈话真的有了效果，我们几个技术欠佳的队员从此有了更多上场训练的机会；韩裔教练也开始鼓励我们说出自己的想法。我渐渐进入了状态，在赛场上发挥出了发球的优势，在比赛过程中敢于大声说“我接”“加油”，在复盘环节

能够大胆说出自己的想法，甚至在几场比赛中获得了“最佳球员”称号。还有一次，在另一所高中参加比赛时，对方教练走过来对我说：“你的发球真不错！”我发现，排球打得出色是重要原因，同时，自信、果断和积极的态度所散发出的能量，才是真正感染别人和鼓舞自己的。对于排球，爸爸妈妈周视频后的复盘是这样的：

今天你谈到参加排球训练的历程及感受，刚开始教练很少让你上场，要求很严格，而且责备多于鼓励；老队友也经常对你指手画脚。这一切都让你感到不舒服，并且因此有了抱怨。

随着训练的推进，以及每次比赛后教练都会复盘，全体队员各抒己见，总结得失，彼此理解，团队变得越来越和谐。每打一场比赛，大家都尽全力；赢球时大家发自内心地欢呼，输球时虽然难过，但不气馁。

听到你说的以下这句话，我们很欣慰：“现在排球感觉很好，它教会了我很多东西；这不仅是一个技术，更多是与团队的协作，并释放自己的能量。本周四有一场重要比赛，我打得很好，被选为本次比赛的明星。总体而言，我打得更自信，更稳定，生命力得到更多展现。之前我总是抱怨，现在全神贯注投入，自信地去接每一个球，同学们都说我打得很好。打完比赛后我又参与乐队演奏长笛，为另一支球队加油。感觉自己已经能够很舒适地参与这些活动了。”

此次排球训练及比赛的心路历程非常契合你美高留学的经历。第一，全神贯注、全身心投入一件事情会让自己进入到一种心流状态，可以充分打开自己，释放身体的能量，充分甚至超水平发挥。由此说明，心无旁骛做一件事情，不计较一时的得失，就能调动潜能，同时自身也会获得舒适感。

第二，团队成员就是朋友，需要充分沟通，相互信任和赞赏。你一直困惑自己在高中到现在为止都没有一个好朋友，我们认为，平常一起说说笑笑，相互帮忙占位子，一起吃饭等，这仅仅是朋友的一种，而且往往喜欢热闹的人更容易在这种场合下交到朋友，相对有想法、有思想的人不容易在这种场合交到朋友。所以，你现在不是没有朋友，你参加的各项团队活动中的队友都可以当作你的朋友。放下交朋友的包袱，你反而会收获更多的朋友。

第三，在生活中要学会选择和取舍。排球虽然有挑战，但对你而言很有意义，坚持下去，就会有很多收获。你现阶段对舞会、派对不感兴趣，就不要勉强自己参加，留出时间做自己更想做的事情也未尝不可。学校安排的各项活动，一般而言都是有助于学生全面发展，且是比较安全的，你可尝试后做出选择。对于社会活动，要有鉴别力，有些活动是完全不能尝试的。

第四，不论是课堂学习，参加活动，还是结交朋友，都需要静下心来，不抱怨，不退缩，避免累积负能量；要多学习，多观察，多参与，积蓄正能量。当你采用非母语与别人沟通交流时，要学会多角度阐述自己的观点，多一点耐心去倾听，让自己的观点能够准确传递给对方。与时间做朋友，就能获得时间的回馈。

第五，坚定信念，不忘初心。得到他人，尤其是得到老师、同学的赞赏是每个人的自然心理诉求，这种来自外界的评价往往具有暂时性和不确定性，有时也未必真实。更重要的是一个人的内心感受，这需要在成长的过程中慢慢认清自己，认清自己是什么样的人，追求什么样的生活，从而逐步强大起来。同时还要认识到，每个人都不可能完美，总有这样那样的缺点、失误，不用苛求自己。

爸爸，妈妈

---

九月对于我来说，好像是橙色的，这或许是因为这时的阳光过于明媚，又或许因为我在九月常吃冰淇淋，所以关于它的回忆都是甜的，又或许，是因为我在九月收获了太多来自住家的温暖。

斯普林斯市的九月还很热，下午放学后坐在车内，阳光总会穿过车窗肆意洒入。晚餐的氛围还是那么和谐。在这夏天的末尾，晚餐后，住家常常提议一起到附近的冰淇淋店。两个弟弟还处在喜欢五颜六色糖果的年纪，他们每次必然会点加入彩糖的草莓味冰淇淋；住家爸爸是花生酱爱好者，他每次点的冰淇淋必定有花生酱做配料；我喜欢尝试新事物，要么吃住家推荐的口味，要么点其他没有尝试过的口味。至于住家妈妈，我实在回忆不起来她喜欢什么口味的冰淇淋。她像很多中国的全职妈妈一样，虽然家里的方方面面都离不开她，但存在感似乎又很弱。她们总是在我们上学或上班的时候，默默做着我们认为理所应当的闲杂家务，又在我们需要时第一时间出现。然而，她们的喜好，她们的情绪，她们的诉求，我们却很少真正注意过。

到了周末，我通常会和霍利一起到沃尔玛或山姆俱乐部采购下一周的食材。有的时候，我们甚至会单独到一家不错的餐厅享用午餐。霍利曾经陪同丹在韩国驻军三年，她很怀念那个国家，也很喜欢他们的食物。所以，我们常去一家韩国餐厅吃石锅拌饭。那一段段平凡明媚的午后时光，我至今记忆犹新。

住家的食物同样让我记忆深刻。我喜欢墨西哥玉米卷，这是我们晚餐的常客。将玉米粉薄烙饼铺在盘子上，涂上酸奶油，放一点炒好的牛肉，撒上芝士，再加上切好的番茄、洋葱和蔬菜就可以开动了。我喜欢热腾腾的意大利肉丸面，这也是诺亚和利亚姆最爱的晚餐之一。煮好一锅意大利面，浇上和肉圆一起炖煮的番茄酱，再放上少许芝士就可以了。我还喜欢芝士蛋糕，因为每当我看到它，便会想起在弥漫着奶油味的厨房烹饪的霍利……

九月让人印象最深刻的，一定是接二连三的生日会。首先是九月四日，这天是利亚姆和住家奶奶菲利斯的生日；再是九月二十八日，这天是诺亚的生日；九月末还是霍利的生日。每周好像都是被五彩的蛋糕和令人目不暇接的生日礼物包围着的。记得那一年，利亚姆过三岁生日，我和霍利连夜做了他最喜欢的饼干怪兽纸杯蛋糕，即用深蓝色作为蛋糕的奶油层，再放上巧克力做的眼睛，最后插上迷你奥利奥作为怪兽的嘴巴。那天唱完生日歌，吃完蛋糕，拆完礼物，我们一同去了电影院。霍利带着男孩们看的是《玩具总动员3》，而丹和我一起看了《神奇女侠》。每当我翻看照片，还是会一次次被那充满着惊喜和温馨的生日会场景打动。

很快到了十月，天气渐渐有了凉意，黑夜也悄然提前。住家爷爷奶奶几周前自由行到了旧金山，他们不仅从中国城给我寄了明信片，还特意给我买了熊猫瓷杯和一本印有关于中国图片的小册子。他们说："你看到这些一定会想到家，这样你心里会好受些。" 我发现，这些像家一样的温暖还在继续；往后，他们只要外出旅游，总会给我带各种新奇的礼物，让我感到我是被身边的人关爱着的。

CiCi，

中国城太有趣了，我希望有一天你可以看到它。我们下周见。不要有太大压力！

爱，

菲利斯&唐

那一年的中秋节也在十月，霍利竟然记得比我还清楚，她提前到中国超市买好了月饼。晚上回到家，我们一起吃月饼，一起赏月，之后我还拿出了从国内带去的速干毛笔帖和毛笔，让住家尝试用毛笔在帖上写出类似水墨一般的文字。他们对这个非常感兴趣，住家爷爷更是对此爱不释手。

日常生活中的这些让人难以忘怀的片段，是橙色的，温暖的，这让我在异国渐渐找到了归属感。虽然在心理体验上与在国内的家有差距，但我已经可以欣然拥抱这些不同，并把它们当作不可重来的生命奇遇。

———

随着学期的推进，一种微妙而矛盾的情绪在我心底悄然出现。我喜欢住家和学校的生活，但也时常被一些消极因素困扰。比如，我们乐队在圣诞之前有一场演出，住家爸爸、妈妈、爷爷、奶奶和两个小弟弟全体出动，来学校观看我的演出。表演结束后已经很晚，我们一同到快餐厅吃了炸芝士块，那个场景，让我真切感到我就是住家的一份子，他们就是我的家人；然而，当住家带着我拍全家福，住家爷爷奶奶只拉上两个小弟弟的时候，我又感到自己是个局外人。又如，当住家爸爸丹带着诺亚、利亚姆和我到攀岩俱乐部攀岩，并给我们三个各买一杯饮料的时候，我觉得他好像真的对我很好，但有时我又怀疑他是不是讨厌我。这种若即若离的状态，是我在这几年的住家生活中时常感受到的。我想，这或许就是住家的定义吧。它是家，但又不完全是你的家；你是他们的家人，但你也只是他们生命中的一个过客。

很快到了十月的末尾，离最令人期待的万圣节越来越近了。在霍利的建议下，我决定装扮成一只黑色的猫。霍利在便利店给我买了一对黑色猫耳发箍和一个可以画在皮肤上的粉红蜡笔。我穿上一件以猫为主题的黑白相间加绒外套，戴上可爱的猫耳发箍，又在霍利的帮助下画上一个有点夸张的眼线和粉红鼻头……万圣节装扮大功告成。

那天，诺亚穿着笨重可爱的充气恐龙服装，利亚姆则是一个毛茸茸的小怪兽。到学校后我发现，幼儿园和小学的同学最积极，全体盛装出席，在下午还有一个小小的游行。我走进自习区域，惊喜地发现一位来自危地马拉的女孩同我一样，也是一只黑色的猫。

那天晚上放学后，我们匆匆吃过晚餐，两个小弟弟便兴冲冲地提着南瓜模样的篮子，叫上霍利、丹和我，一同到小区准备挨家挨户要糖果。“Trick or Treat！” 两个小弟弟同另外一个装扮成公主的黑人小女孩一起，每到一户总要说上这么一句，然后便会收获一大把糖果。看着小区里每家每户令人身临其境的万圣节装饰，看着平日安静的街区人来人往无比热闹，看着大人们带着身穿奇装异服的孩子有说有笑，我意识到，我之前对美国烟火气的认识过于狭隘。我曾同大部分人一样，刻板地认为美国“好山好水好无聊”，其实，这种“无聊”指的是下班后社交生活的单一。是的，他们不像中国人那样，下班后常参加饭局，但是他们选择把工作后的所有时间留给家庭：晚餐一定会和家人一起，孩子的每一场体育比赛爸爸妈妈一定会到场助威，每个重要的节日一定会充满仪式感……所以，我们看到的“无聊”只是时间分配选择上的差异，大部分的美国中产家庭会选择把空闲时间用在家庭中。不知为什么，当看到这样的温馨画面，想到这些问题，彼时彼刻，一种强烈的想家的情绪再次占据我的内心。这种感受是温暖的，也是难熬的。在出国的这些年中，我不得不一次次地与这样的情绪和解。

---

当生活和学习开始按部就班进行时，出现的一些令我烦心的小事情，让我焦虑。我们的化学老师是一位年轻的瘦高个白人男性，每次化学课，他都会留出大量时间让我们两人一组做实验，但每次他都要求我们自己找同伴，这成了我在化学课的“恐惧点”。我害怕找不到同伴，我害怕别人看见我的担心，我害怕……但是我不敢直面这种心态，努力维持着表面的平静，却又感到无能为力。之后，我给化学老师发邮件，告诉他我的感受，并建议以后的实验课由他来分组。他虽然偶尔采纳，但是，十年级的化学课，依然是我不愿过多描述的课程。

再例如，我虽然发自内心喜欢住家的热闹，但我慢慢也开始为此苦恼。两个弟弟进入了最闹腾的年纪，每天放学回家后，尤其到了晚上，他们尖叫声不断，住家爸爸也时常参与其中。作为一名十年级的高中生，本想在晚上专注完成作业，但又被房门外的大喊大叫打扰。到了周末，本想多睡一会儿，却又一次次地被两个小弟弟的喧闹声吵醒。最调皮的当数利亚姆，他不是突然爬上我刚整理好的床上打滚、蹦跳，就是趁我不注意时溜进我的房间，用沾满番茄酱的小手玩我的物品……我在晚餐时的参与感好像也变少了，刚到霍利家的时候，每一位家庭成员都很在意我的感受，努力帮助我参与他们的谈话，或是询问我学校的事，或是问我有关中国的事情；渐渐地，他们好像习惯了我的存在，而我又没有很好地跟上他们家庭谈话的节奏，因此我时常觉得自己坐在那张餐桌上显得多余。负面情绪的累积，让无助感、焦虑感，甚至恐惧感涌入我的内心，仿佛把我的生活也占满了。

当我写这段经历的时候，我试图回忆我当时是如何摆脱那些负面情绪的。有一个方法，我觉得可以分享给正在读这段文字的你。我养成了坚持每天写日结的习惯，除了客观地记录一天的时间线，我还会完整地梳理自己的感受，并在另外一栏用文字写下任何想表达的观点。当然，仅仅这样还远不够帮助我摆脱负面情绪的裹挟。所以，我每天还要求自己无论如何都要回答以下几个问题：今天哪一件事最令你开心？明天需要完成一个怎样的小目标？今天的哪件事、哪个人最值得感谢？你为什么是一个很棒的女孩？这几个问题看似很难回答，你一定在想：一天那么短，每一个问题怎么可能都有答案！但是，当我要求自己必须写出回答，我发现，一天中竟然有这么多令人鼓舞的事情，并且第二天可以有那么多可以突破的小挑战。例如，在一天的日结中，我写道：

开心的事：和林登在英语课上合作，发现他非常幽默。

目标：明天早上主动向一位老师问好。

感谢：住家妈妈特意给我买了一根我喜爱吃的棒棒糖。

很棒的女孩：开始学我的第二门外语。

你看，都是生活中的小事情，但是当我每天晚上整理好第二天要用的文具并放入书包，然后坐在书桌前，认真码字回想当天的经历并试图回答这几个问题时，就感觉这一天被我梳理得井然有序了，也变得更有意义，同时我的内心也获得了一份踏实感和勇气。

---

跟九年级时相比，十年级我选择了全新的课程，也结识了新的老师。刚开始，学科压力不小，好在有一门课改变了我很多，我也因这门课结识了一位对我影响很大的老师。

这门课程便是世界历史，它是十年级的必修课。出国前，我常听身边很多人提起，美国文科课程阅读量大、写作要求高，上课可能会听不懂，试卷也会写不完。刚开始接触世界历史这门课程的时候，这些说法的确被一一印证了。泰勒女士是这门课的老师，她五十来岁，瘦高的身材，一头干练的短发；她说话的语速极快，思维敏捷，状态完全不像这个年龄段的人。

第一节世界历史课，泰勒女士就给我们布置了课本阅读任务。我已经记不清每天要求的阅读量了，但是对于十年级的学生，特别是对于国际生来说，阅读量很大。不仅如此，她每天还会留一些思考题，要求我们在阅读任务完成后做书面回答；到第二天上课的时候，她会不定时地通过小测试、随机提问等方式检验我们的阅读效果。

一下面对这样大的课业压力，我应接不暇。课堂上我很少发言，泰勒女士在白板上飞快写下的板书，和有无数生词的讲课和提问，让我觉得自己真的不适合学习这门课。第一次测试是关于玛雅文化的，面对无数陌生的专有名词，我考得很差。那天下午，带着几分胆怯却又不气馁的勇气，我来到泰勒女士的办公室（也就是我们上课的教室）。我跟泰勒女士真诚地讲述了我学习这门课程所面临的困难，并希望她能给我一些建议。她耐心地倾听，并帮我分析了这次考试的错题。她说了什么我已经记不大清楚了，不过那之后我好像找回了一点自信，也学到了一些方法。从此，我每次都会一边阅读一边写下思考，之后还自主完成课本中的小测试。除此之外，我还会重新梳理在课上做的笔记，并用记号笔画出重点，还在旁边写下自己的想法或疑问。每天上课之前，我会再复习一遍笔记，上课后再根据泰勒女士的讲解，更深入地理解笔记内容，解决还不明白的知识点。课堂提问时，我强迫自己每次课至少举手两次。这样一段时间后，我发现自己开始期待每次的阅读，总会猜想下一段要阅读的历史会是怎样的。我还期待上课的提问环节，因为几乎每一次提问我都会很快反应过来并给出正确的回答。我曾经想要放弃的这门课程，反倒在学术中给了我前所未有的自信，同时指引我重新思考在美国学习文科的价值。

当然，世界历史课程不仅仅是文本阅读和知识讲解，泰勒女士还设计了各种有趣的课堂活动。例如，学习玛雅文化时，她让我们查阅资料，在稿纸上设计玛雅足球运动员的配饰并写出它们代表的含义。接着，我们一起去艺术教室，根据自己的设计，用黏土做玛雅足球运动员小人形象。最后，我们还模仿博物馆的展品简介，给我们自己的“运动员”写上了介绍文字，打印过塑后和泥人一同放进玻璃展柜。又如，学习日本历史和诗歌时，泰勒女士带着我们到学校的草地上，朗诵我们自己写的和歌，感受它与自然的和谐关系。

九年级时，科任老师的上课模式普遍松散，这让我对美国老师的教学产生了一些成见，觉得他们不认真负责，学生上课学不到知识。但是，泰勒女士的世界历史课，打破了我的这种负面看法。我发现，像泰勒女士这样的老师不仅专业知识扎实，还可以用充满挑战的、学生能接受的方式传授知识。这样的老师就像设计师，他们设计自己的课堂，让课堂不仅丰富，还适于学生参与和讨论。我渐渐认同和享受美国这种既具挑战，又充满无限趣味的课堂。不论是阅读、写作还是发表自己的观点，我都开始真正去自主思考和探索。

我在十年级遇到的另一位对我影响很大的老师是J-S女士。她是一位和蔼可亲的中年女性，有一头微卷的金色短发，肤色很白，体态微胖，她教授的是欧洲文学。欧洲文学的学习也是我在十年级遇到的另一个巨大挑战。虽然九年级时已经上过世界文学课，还不算陌生，但是J-S女士的授课方式与隆戈博士截然不同，因为她上课主要采取圆桌讨论方式。J-S女士主张我们课后积极阅读文学书，不仅要理解故事情节，还要像做研究一样旁批修辞手法等文学概念。在课堂中，她让我们就前一晚的阅读内容自由发表看法，让我最难适应的是，整个过程中不允许举手，而应该通过观察彼此的眼神、肢体语言等来判断发言时机，讨论内容则是根据上一位同学的发言做出补充、总结或提问。让人最感压力的，是J-S女士虽然基本一言不发，但是她在本子上密密麻麻地记录着每个人发言的次数和发表的观点，最后将二者结合起来给每位同学打出课堂参与度的分数，并计入GPA。

作为国际生，大家刚开始时都有这样的体会：每当老师提一个问题，或者前一名同学提出一个观点，大脑的运作模式通常被分成了几步。首先再一次消化理解问题，接着在大脑中用中文梳理出答案，最后再用英文组织需要表达的内容。通常，经过大脑这一系列烦琐运作后，还没等我回答，其他美国同学已经抢先回答了，这导致我每次的圆桌讨论课都感到巨大的压力，发言的次数少之又少。第一个月下来，我的课堂参与度和考试分数极低。针对这个问题，爸爸妈妈在信中说道：

欧洲文学课不仅阅读量大，还不易理解，加上你对老师的考试方式、角度不能很好地把握，所以，没有拿到好分数在情理之中。我们建议你首先和老师沟通，知道老师教这门功课的教学目的和要求，找出考试的失误，弄清楚自己在哪些方面需要加强。和同学聊天时，了解他们对这门课的看法及对考试的体会，再反观自己的学习步骤及思路，看是否有可以调整的地方。我们觉得你有很好的学习能力，通过与外界的充分交流，你一定能找到学习此类课程的好方法。

你还提到你时不时会感到疲倦，上课不能很好集中注意力，对老师的问题不像平时那样反应敏捷。其实你的这种情况，每个人都会有，这一方面与身体的生物钟和身体状态有关，即所谓的高潮期和低谷期会交替出现；另一方面也与季节交替、环境条件改变等有关，很难完全避免。我们所能做的，首先学会倾听身体发出的各种信号，有这样的感觉时说明我们需要适当多休息，保证体内有足够的能量储存，即所谓顺势为之。其次我们也要梳理一下近期的生活方式，是否睡得有点晚？是否没有坚持锻炼？是否进食过多甜食？是否没有摄入充足的水果和蔬菜？压力是否有点大？将不健康的生活方式一一列出来，选择可以改变的几条调整，也许一周或几天，你就会发现有所不同。

爸爸，妈妈

还是和之前一样，我主动去找J-S女士谈话，并要求自己每节课至少发言两次。经过一次次的累积，我的课程参与度稳步提高，也渐渐理解了J-S女士设计圆桌讨论的好处。这种模式相比举手发言，难度的确大很多，但是通过这样一个对压力和反应力的训练，不论之后的俱乐部活动，还是职场会议，我们都将比大部分人更能应对自如。

每次圆桌讨论我虽然还是很紧张，压力也不小，但我渐渐从每天阅读的文学作品中，以及同学们在课堂上碰撞出的思想火花中，体会到了阅读英语文学的魅力。《法国组曲》是我最喜欢的一本书，讲述的是几个法国家庭在第二次世界大战中如何生活和逃离。这是我第一次如此喜欢一本英语大部头的文学作品，书中人物的命运深深地吸引着我。这段经历让我明白：人的进步或许很缓慢，但是你会在某一刻察觉，从前看来非常困难的事情，突然就变得简单有趣了。

泰勒女士和J-S女士甚至在期末共同推出了一个联合项目：要求我们以第二次世界大战为背景，通过查阅文献，最后创作一个5000字左右的作品。我选择抗日战争为我虚构小说的背景进行再创作。阅读了大量文章后，在许多史料的支撑下，我用虚构的方式写了一个故事。这个项目不仅增强了我对世界历史的理解，还提升了我查阅文献并加以分析运用的能力。我越来越深刻地体会到，美国高中的项目非常有创意，它的核心目的是让学生能够运用所学知识进行独立思考和创作。

公众演讲课和陶艺课也非常有趣。在公众演讲课中，我第一次系统学习演讲技巧，我在即兴演讲、纪念演讲、说服演讲和信息演讲等方面的能力得到前所未有的提升。在陶艺课上，我不仅完成了一件件作品，还明白了一个重要的道理：艺术课老师并不在意我们的动手能力、绘画功底，更看重的是我们对待这门学科的态度及对艺术的尊重。

这个学期，我还在选课上有了两个突破：一是选择了西班牙语课程，二是我在乐队成了一名长笛手。

我们学校很小，外语只开设了西班牙语和法语，绝大多数的美国同学选择的都是西班牙语。作为国际生，我虽然不被要求必须选择第二外语，但我总觉得学习一门新语言是令人兴奋的事，因此，我和几个九年级的同学一起，上了西班牙语1。上课第一天，我便有了自己的西语名字——Lucía。因为需要学习西班牙语1的高中部同学非常少，所以这个班一共只有三名学生。我再次体验了从认识字母到学习单词的语言学习过程。每次课堂上，我总会因为可以用更多的词汇和老师交流感到欣喜，但每次考试之前，我又会因一遍遍记单词感到疲惫。这些过程，让我再次感受到了学习一门语言带来的成就感和枯燥感。当我为了学好这门语言去了解与之相关的文化、观看电影时，我的视野拓宽了；而当我为了记语法和单词一遍遍重复时，又会深感学好一门语言是一个非常耗时耗力的漫长过程。

再来说第二个突破。我就读的高中很小，只要对乐器有兴趣，就一定有机会参与。当我第一次坐在属于长笛手的椅子上，翻开乐谱时，我仍然没有做好在乐队演奏的准备。但即使只是一名长笛初学者，我也和其他同学一样坐在了乐队教室，并准备演奏对我而言难度很大的乐章。然而，当我和同伴们一起穿上乐队统一的深蓝色T恤，为排球队员们表演乐器助威加油的时候，我又庆幸自己是乐队的一员。

我在学业之外还取得了两个突破。我们K-12年级每年开学一个月左右，会举办一场大型表演，学生或老师都可以报名参加，表演形式从乐器演奏到情景剧，应有尽有。这次活动，我不知道从哪里来的勇气，报名担任了活动的主持人之一。这次主持的形式非常有创意：我们几位主持人扮演不同角色主持。我的角色是办公室上司的秘书，台词不算多，我也很好地完成了规定任务。记得当时说一句有点滑稽的台词时，还逗得台下的观众笑声不断。那个时候，我虽然不了解这次表演的整体背景，更不清楚其他角色具体说了什么，然而，正是这样的懵懂和莽撞，才一点点地拓宽了我的人生边界。活动结束之后，我回到化妆间，和同学们聊天说笑，自拍合影，第一次感受到了一种清晰的归属感。

另外，这个学期我还成了世界文化俱乐部的副主席。开学后，正好赶上一个传统节日，我给全校师生发送了世界文化俱乐部即将在此节日期间举办活动的邮件，还在周一的晨会上鼓足勇气站上讲台，再次向师生们介绍了这次活动。这一系列的举动，对于我，甚至对于在这里读了很多年书的美国同学而言，都是需要勇气的。现在回想起来，通常，对于一个俱乐部活动，大部分人都不会像我一样“兴师动众”。然而，作为一名刚到这个大集体的“外来者”，我敢于去做并且不被视为不合规矩，究其原因，还是这所学校及老师们对学生的支持和包容，让我们可以毫无顾忌地做自己认为正确的事情。

---

天气越来越冷，寒风瑟瑟，天空中雪花飞舞。汽车在严寒里停放了一夜，挡风玻璃结上厚厚的冰霜。住家妈妈熟练地打开车内的空调，并用铲子刮去冰霜。十一月就这样悄无声息地到来了。屋顶厚厚的积雪配上车内的音乐，让人感受到属于冬天的欢乐。十一月二日，星期四，一个有趣的节日——墨西哥亡灵节到来。虽然是祭祀亡灵的节日，但相比这类节日在大多数国家的沉重，墨西哥的亡灵节则非同寻常。人们用饱和度极高的颜色为主色调装点房屋，载歌载舞迎接生者和死者的团聚。虽然没有机会到南美洲国家亲自感受，但是学校的西班牙语老师在她的教室里小小装饰了一番，并亲手做了骷髅糖

给我们品尝；我也给世界文化俱乐部的同学们买了彩色礼品包——皮纳塔，并将它挂在高处，参与的同学需要蒙上眼睛转几圈，再用棍子敲打皮纳塔，只要击中，各种糖果礼品便会纷纷掉落。

我对这个神秘的节日充满了浓厚的好奇心，正巧，好评如潮的皮克斯动画片《寻梦环游记》在那个月上映。电影将我带入那个五彩绚丽的亡灵世界，当我目睹在世的人和逝去的人的微妙关系时，我被深深吸引了。而当我听到那句台词：“一个人可以死两次，第一次是肉体上的死亡，第二次是亲人将其遗忘，这才是真正的死亡”很受启发，因为这是我从未想到过的一种视角。

旅行也是这个学期的关键词之一。一个周末，住家驱车带我前往派克峰，我第一次见识了科罗拉多州自然风光的魅力。我原本对山没有太多期待，因为我的家乡也是一座以山闻名的城市，我自认见过了很多的山。然而，当住家绕着山路驱车行驶，一路的风景着实让我倍感兴奋。

那天，我在社交媒体上写道：

“每一个局部，都是别有洞天的景致。这边，红岩石在烈日下烤得炙热，那边，却看见了堆满了积雪的雪山。走几步，忽见湖泊山川，还有彩色阳光构成的一处像峡谷一样的仙境，这大概就是独角兽的家了吧！开车绕着山路转个弯，则是一大片树林，天仿佛因此暗了下来。走着走着，又见一片湖泊环绕在绿洲之中，阳光格外的好；视野极为开阔，一只大鸟在空中盘旋……这些景色，完美呈现了派克峰。到了制高点，虽然阳光明媚，没想到却异常冷，温度已到零下。”

科罗拉多州点燃了我对大自然的无限好奇心和探索欲。那天到达顶峰已是中午，我们在一家很有名的甜品店买了甜甜圈和热巧克力，那一刻，我感受到了满满的幸福感。

感恩节期间，我还完成了另一趟旅程：到加利福尼亚州的中国朋友家。我们一路自驾，走过了圣塔莫妮卡海滩、圣塔芭芭拉法院、丹麦小镇、渔人码头、十七迈、金门大桥、伦巴弟街和丹娜码头……美景太多，令人目不暇接。临走的时候，我收到了很多别致的礼物和贺卡，同时更得到了朋友一家对我的认可和喜爱。

坐在返回科罗拉多州的飞机上，心中感到不舍。回想从前，不论是小学毕业还是初中毕业，我都不理解为什么有的同学会那样地恋恋不舍，甚至哭泣，当时我的内心想法是：终于结束了！我第一次感受到自己与身边相处时间不是那么长的人产生了连接，是九年级暑假的印度之行，这次的加州旅行，我再次从内心生出了这样的感受。离别虽然伤感，但这也意味着我慢慢从以自我为中心的世界走向了更加多元的世界；我可以全然投入每段关系中，并与他人产生情感的联系。之前，因为害怕受伤害，我不愿全身心地感受人与人之间的感情。但是我渐渐明白，虽然全身心投入生活、投入人际交往不免会受伤害，但这也是我们通往感受幸福的一条通道。有不舍，有心酸，有焦虑，有期待，有幸福……说明我们是被爱着的，心里也是住着爱的。我想，感情逐渐丰富起来，也是在美国留学带给我的收获之一吧。

---

十二月，寒假即将到来。圣诞节气氛越来越浓烈，车内循环播放着圣诞歌曲。住家开着车带着我、利亚姆和诺亚到各个街区，欣赏每家每户布置的圣诞彩灯。我们还到当地非常出名的布罗德莫酒店参观他们用饼干和糖果装饰的巨型圣诞糖果屋。晚上到家，我们每人选择自己喜爱的饼干食谱，烘焙圣诞饼干；那年，我做的是雪人样的圆球饼干。装饰华丽的硕大圣诞树下，住家已将圣诞礼物堆放好了。更令人兴奋的是，住家妈妈还带着我看了芭蕾舞《胡桃夹子》。这几周虽然学业繁重，但生活却如童话一般。

然而，也正是那个月，我的身体强烈不适。先是肠胃不舒服，而后开始出现感冒症状，这让我再次感受到在国外生病时的无助。虽然只是普通的生病，但当我一个人蜷缩在被窝里时，绝望和无助还是将我填满了。自己用药不见效，我决定到医院就医。后来我才知道，我看的竟然是急诊，价格比普通就诊贵了不少。然而，即便是急诊，我也在候诊厅等了一个多小时。医生简单问了我的情况，便开了一瓶药，我持续服用了几天，肠胃的问题似乎得到了解决，但感冒症状却愈发严重。事后我才知道，那位医生给我开的不过是止吐药，而我的病症则是因细菌感染引发的感冒。这是我第一次对美国医疗系统有了负面印象，不仅仅因为我付了较昂贵的费用，更因为我的病没有得到准确判断和及时治疗。

学期即将结束，在本学期与爸爸妈妈最后一次视频时，他们将我分享的一周见闻做了复盘：

1.霍利在圣诞前夕给亲朋好友寄出了100余张贺卡，这让你深有感触。霍利既能够想到又愿意花时间去做这件事情，一方面说明她是一个很热心的人，另一方面也说明亲情、友情都需要花时间去经营、维护。

2.长笛课给你带来了正能量，让你可以沉浸其中，吹奏出美妙的声音。音乐不仅让听者愉悦，更让演奏者获得满足感和幸福感。

3.霍利和丹帮你润色论文，他们一家参加你的圣诞音乐会，以及你与他们一起参加利亚姆的表演，这些都让你感到无比温暖。同时你与住家相处更加随意和自在，这对大家来说都是令人开心的事。有时你感觉住家对你的态度时而热情时而冷淡，也许是因为每个人都有情绪变化，所以，我们建议你与住家保持沟通，避免不必要的误会。

4.这个学期你的各门功课都取得了好成绩，也能融入课堂。你由衷地感谢每一位老师。相比小学、中学毕业时对老师、同学的无所谓态度，现今，你能用心主动与他人建立感情，真诚感谢他们陪伴你成长，表明你已敞开心扉，心胸更加宽广了，也懂得包容了。

爸爸，妈妈

---

在回国的飞机上，我思绪有些混乱，我想起感恩节期间看过的电影——《奇迹男孩》。这部电影给我带来的不仅仅是简单的触动，还有更深的感动。虽然影片中的姐姐维亚说着“学校糟透了，人心常变化”，但与此同时她也有一个个美好的遇见。我这一年多在美高的经历，让我对这部影片产生了强烈的共鸣：有的时候，我会想家，会担忧自己的未来；有时又会计较与同学的关系，计较住家对我的态度。但这些都不是天大的事情，它们构成了我生活最真实的模样；同时，生活也常有温情的时刻，比如此刻，我记录着在美国的学习生活，感恩与幸福充盈着我的内心。

经过了从斯普林斯到丹佛的两小时车程、丹佛到洛杉矶的三小时航班、洛杉矶到上海十四小时航班、上海到我的家乡四小时航班、最后机场到我家的四十分钟车程，一共24小时，我从斯普林斯回到了家里。

到家后第一件事便是收拾行李，这是我非常喜欢的一个环节。当我将在美国的物品一一摆放出来，搁在我熟悉的房间里，我体会到一种两个时空重叠的奇妙感受。住家给我的爸爸妈妈准备了圣诞礼物，我从行李箱中抽出送给爸爸妈妈，爸爸妈妈也将包装好的圣诞礼物递给了我。

这一个多月的圣诞假期，前几天我由于倒时差，每到下午便感到昏昏沉沉，清晨却又没有困意，生活节奏因此放慢。几天过后，几乎每天都安排得满满当当了。或是在超市尽情选购喜欢的零食，以弥补和住家在超市采购时不便尽情采购的遗憾，或和家人们聚会，畅谈天南地北并感受所有人关注、倾听的幸福。留学经历让我体会到，过去在国内觉得稀松平常的事，已变得那样难得。我懂得了怎样更好地陪伴家人，怎样更好地体味再平常不过的生活。

寒假过得飞快，跨完年我又得前往美国了。我将我能想到的物品一一采购，打包装入行李箱。大部分物品虽然在美国购买也非常方便，但我仍然坚持从国内带去，或许只是想让自己多一份确定感。随着赴美日子的推进，我的焦虑感与日俱增，一种复杂的情绪变得愈加清晰、强烈。留学生面临的困难很多，但大部分人知道的只是一些表象，诸如我这样的情绪，或许只有亲历者才能体会。

———

返回美国后，我像是有一个自动发条，整个人“咔嚓”一下又被拧紧了。除了情绪上需要调整，倒时差同样是一个需要迈过去的坎。晚上十点半上床休息，我虽然已经精疲力竭，但却久久无法入睡。我尽量保持静止状态，让心态能更快平静下来，但却控制不住地辗转反侧。即便是躺着，也可以明显感知到心跳加快，手心和脚掌冒着冷汗。一个小时，两个小时，三个小时……过去了，我仍然无法正常进入睡眠。当夜越来越深，我的情绪也变得此起彼伏，大脑里充斥着各种杂乱无章的思绪，让人心神不宁。即便我知道很快就要天亮，即便我知道时差最多一周就可以倒过来，即便我已有了倒时差的经验……但当我看着时针指着凌晨，听着屋内的寂静，我很难再忍受那份煎熬。连续几晚，我几乎都是凌晨两点左右便醒来，一直到五点才入睡。在同爸爸妈妈一周一次的视频中，我讲述了自己的困惑，收到了如下回复：

自从你到了美国，都忍不住想家，尤其第一周倒时差，晚上难以入眠时，想家尤其厉害。你和爸爸妈妈视频时忍不住想哭。我们特别理解你现在的难受，有几点建议：

1.这种情绪波动非常正常，长途旅行后的时差、劳累及对家人的依恋，成年人尚且难以克服，何况你还是一个孩子。

2.每个人的成长实际就是不断跳出舒适圈的过程，没有变化，何来成长？理解这点从心理上可以帮助你更好地接受现在的情形。有一个方法你可以尝试：你可以在纸上分别写出在家和在美国的好与不好，通过一项项地对比，你会获得一份成就感，同时为自己喝彩。人在脆弱的时候，特别需要给自己加油。

3.晚上尽快入睡的小贴士：保持正常的起居时间，早上不贪睡，午间小憩不要太长，晚上上床时间可以从11：00慢慢调整到10：30；入睡前吃一碗薏仁粉，或喝一杯牛奶，有助于镇静安眠；躺在床上，调整到一个舒适的体位，感觉心慌、手心脚心出汗时可以深呼吸调整，放松自己；若因想家实在睡不着，可以听听舒缓的音乐或看看书。总之内心的坦然和平静是最好的催眠剂。

4.平时可以和住家妈妈及爷爷奶奶聊聊自己的感受，相信他们会给予你很好的回应；也可以把自己的生活安排得既充实又有趣味，比如，多和住家弟弟玩耍，和住家一起做家务，外出购物等等。

5.独自在外学习生活的经历对一个人而言是非常宝贵的财富，身处其中，我们会有这样那样的难受、不适，如果不及时化解，就会让这段弥足珍贵的成长经历打折扣。与其让自己陷入无谓的思念和难受中，不如卸下思想的负担，开心过好当下的每一天。当你在未来某一天回顾这段日子时，便不会后悔自己当初没有很好把握之前每一天的学习和生活。

爸爸，妈妈

听取爸爸妈妈的建议后，我开始尝试侧躺在床上，呈微微蜷缩的姿势，因为这样会让我更有安全感。同时，我尽可能让思绪自然流动，并刻意想一些轻松愉快的事情。最后，我在床头柜上放上一个蓝牙耳机和一部找好播客的手机，让自己在凌晨醒来时能够听一些有趣的内容（据说，听自己熟悉内容的外文[完全陌生的语言]是一个非常有效的入眠方式）。同时，我还分别列举了在国内和美国的优劣势：

国内的好：

家人的陪伴。

身处逆境时候及时的支持。

家人们帮我打点好生活的方方面面，并且以我的安排和想法为中心。

语言无障碍：可以畅所欲言，没有顾虑，随意表达自己的想法。

更有烟火气：和家人们一起看电视、吃坚果、打牌。

同学对我的肯定。

美国的好：

能够更加觉知并珍惜来自家人的爱（彼此心的距离更近）。

有更独立的空间和生活。

对生活有更具体的体悟：生活不只是学习，还有无数的琐事需要自己躬身入局。

学习生活有着清晰的目标感（长远）：自己正向着目标前行，努力成为希望的样子。

课外活动更加丰富且有意义，并且很多是从未尝试过的，如练习新乐器、校队体育、户外活动等。

深入学习和体验一门语言和它的文化。

对自己的情绪（幸福感、爱、焦虑、不安等）的感知更加敏锐。

与他人的连接：把社交作为重要的事情之一，并懂得付出和感恩，同时遇见了更多有趣的人和事。

变得更加有韧性：在一次次的“锤炼”后，又坚强地站起来，这个过程令我更加强大。

对生活有更好的洞察力：生活得更加通透。

更加从容自信：通过参与活动，接受挑战，我更加从容自信。

在一定程度上对生活更有掌控感：所有的事情都是主动去做，而非疲于奔命地应付。

生活更加规律：因为在情绪、金钱上付出的太多，所以更加自律，希望不负时间。

有更多的机会和体验。

对不同背景的人更加包容。

国内的不好：

无法和爸爸妈妈正确相处：吵架是常态。

不重视身体：认为注意健康是老年之后的事情。

对生活少些接地气的体悟：我的任务是学习，而柴米油盐酱醋茶一类琐事，爸爸妈妈准备妥当就好了。

没有清晰的学习目标：每天不知道自己在忙什么，甚至感觉离自己想要达到的目标越来越远。生活变得枯燥无趣，每天过得浑浑噩噩。

对生活失去热情：繁重的学习任务之外，不知道还可以做些什么。

自我封闭：社交是不被重视的一项技能。

缺乏对生活的洞察力。

机会少：人多，竞争大，很多想要尝试的事情，都没有机会去尝试。

生活不是非常规律，学习效率低。

美国的不好：

陪伴：没有爸爸妈妈在身边陪伴。

购物不方便：不能想买什么就买什么（逛超市和住家一起，网络购物选择面比较窄）。

少点烟火气：业余时间出去聚会较少。

情绪波动：整个人绷得比较紧。

看着这份清单，我意识到很多问题都是可以克服的，例如语言障碍。而那些深层次的，暂时无法克服的问题，从另一个层面讲，也是有正向作用的。例如，缺少陪伴的同时，也因此更能体会亲情的可贵。虽然这个清单带有偏见，有局限性，但是当我静下心来做了这一番梳理后，我顿觉如释重负。

---

一月到了，我的十七岁生日也来了。生日前一天晚上，霍

利在缤趣社交网页帮我找到一个熊猫样式的蛋糕，并叫上我跟她一起烘焙。一开始，繁重的作业任务让我觉得花几个小时做蛋糕压力很大，但当我们在小熊样式的模具中烘焙出香草味的蛋糕，再用黑色和白色奶油装点成熊猫的样子时，我庆幸自己没有错过这次体验；如今，我更是庆幸自己拥有这样一份独特的回忆。生日那天一早，霍利在我未起床之前，便从我喜爱的“邓肯甜甜圈”店买来甜甜圈和混入各类坚果和巧克力的酸奶，并将它们放在餐桌上，充满了仪式感；那一刻，我觉得自己是被如家人一般地对待的，心里无限感动。

到了学校，走进数学课的教室，同学们像是早已约定好一样，一同给我唱起了《生日快乐》歌；听着这充满祝福的歌声，我找寻很久的归属感似乎近在咫尺。晚上放学后，霍利帮我预订了一家非常特别的餐厅——用一架废旧战斗机改造的餐厅。我们坐在机舱中，在牛皮纸菜单上选好菜；穿着制服的服务员细心地为我们服务；两个小弟弟兴奋地拉着我跑到驾驶舱，一本正经地坐在机长座位上研究各种精密摆件。

我们驱车回到家，一同唱生日歌，一起吹生日蜡烛，我收到很多祝福和礼物……开学以来的那些焦虑、不安在这一刻消失不见了。我发现，当我放下对某些事情的执念，摒弃 “应该” 思维，并以更加开放包容的心态和身边的人产生最真实的连接时，所有的恐惧感、束缚感都会在不知不觉间烟消云散。

当然，生日那天，按惯例，我收到了一封来自爸爸妈妈的电子信件：

在你17岁生日之际，我们忍不住翻看了你16岁的微信日结。16岁生日那天，除了在住家做了一个大蛋糕，其他的一切都再平常不过，最大的慰藉是来自国内的祝福，所以你的笑容显得有点不自然。一年的美高经历，于你而言，既是加速成长的过程，又是混合了酸甜苦辣的回忆，以至于谈到此，我们都有很多感慨。

17岁，是从青少年迈向成年的转型期，和同龄人相比，你可以骄傲地拿出过去一年的成绩：学业上，与美国同学相比，毫不逊色，有的科目在班级甚至遥遥领先，排球和网球比赛都有不错的战绩，音乐会和戏剧表演初露身手等等。这一切还都是表象，真正的变化来自你的内心，你慢慢磨炼出了坚强的意志力、换位思考的能力、包容开放的心态，还有一份热爱平凡生活的心境。亲爱的女儿，爸爸妈妈深深地知道独自一人在陌生国度求学生活的不易，但是当我们看到你一年来的改变，我们认为，我们一家在正确的时间做出了正确的决定，让你能够有机会接受更好的教育。

这一年，因为你的出国，我们一家人也发生了很大的变化。爸爸妈妈为了能和你保持平等的交流沟通，我们也在不断学习充实自己，事业发展也不错；爷爷奶奶也变得更加开放和快乐；其他家人也都发生了一些变化，变得更加懂生活，更加懂得爱需要爱的人。因为你每次回国都给大家带来新的气象、新的观念，你让整个家庭充满了生机和活力。

17岁，意味着你向成人阶段又迈进了一大步。成长的道路虽不会一帆风顺，但爸爸妈妈永远是你最坚强的依靠和支持。

爸爸，妈妈

进入二三月份，气温渐渐回暖，雪也融化了。这段时间的周末，同样令人难以忘记。虽然都是很小的事情，但反而是这些看似不经意的故事，才更让人印象深刻。

一个周六的中午，我和住家妈妈霍利一同到电影院，我们选择了一部情感片，抱着爆米花和可乐，一个“妈妈”和一个“女儿”，一起享受周末在一起的美好时光。看完电影，走出影院，我们到了一家装潢讲究的墨西哥餐厅享用午餐。我们一边吃着加了香浓芝士酱和牛肉粒的玉米片，一边讨论着电影的剧情和男女主角的感情。下午，太阳已然没有那样刺眼，我们又到一家不小的购物综合体选购了几件喜欢的服饰。这一天很疲惫，但是这种奇妙的亲切感让我久久不能忘记。很感谢在这个离家12026公里的城市，在这个4.592亿人口的国家，遇见这样一位亲切、真诚的美国女士。

还有一个周末，也是看电影，不过这次是我和诺亚。记不清具体原因，我竟然单独带着一个七岁的小男孩排队买电影票、买零食，然后看电影。在小男孩最调皮的年纪带着他，压力一点也不小，但也获得了一份做姐姐的奇妙体验。

我也还记得有个周末的午后，住家爸爸丹久违地亲自下厨，为我和两个小弟弟炸薯条；我也还记得他和我坐在客厅的沙发上，帮助我一遍遍修改论文和演讲稿的场景。

当然也有一些令人哭笑不得的可爱瞬间。利亚姆总喜欢穿着纸尿裤跳到我刚整理好的床上翻滚嬉闹，或是在我房间里玩耍。有一次，菲利斯一脸严肃地看着利亚姆，并对我说："利亚姆今天有麻烦了。"我一脸疑惑地看向利亚姆，又看看菲利斯，菲利斯接着说道："他今天在你网球训练的时候溜进你的房间，打开抽屉拿你的糖果吃。"那天利亚姆虽然受到了家长的严厉批评，但对我而言，这个家的氛围温馨而亲切。

这种家的感觉，来源于住家每个成员对我的真诚喜欢。住家爸爸丹在即将前往凯萨斯州接受几个月的军事训练之前，会给我一个大大的拥抱；利亚姆在一天晚餐的时候大声对我宣布："CiCi，我全身心地喜欢你！"诺亚骄傲地向他的朋友介绍我："这是我的姐姐！"霍利告诉我，他们非常开心可以成为我的寄宿家庭，即使他们作为军人家庭随时可能搬家，但他们会尽量在我毕业之前留在斯普林斯……

那段时间，我感觉自己在美国有了爷爷奶奶、爸爸妈妈和弟弟，我真真切切觉得这里是我的第二个家。遇见一个对的寄宿家庭，舒适地相处，我想，这就是身在异国他乡的我们获得归属感和幸福感的最简单方式吧！

---

我在十年级最大的困扰，当数与同学的交往。有一天我在日结中写道：

**“我感觉我在努力地加入别人，但似乎有一股力量将我推出他们的圈子。放不下、纠结甚至否定自己的情绪占据着大脑。”**

总而言之，看着本来与我要好的西班牙交换生与另外两位国际生女孩变得更亲近，看着刚转学过来的日本女孩也很快找到自己的圈子，甚至在学期末的学生会提名中被同学提名，看着那个刚来的中国女孩交到了两位美国朋友，看着……看着这些与我相似的国际生要么有了自己的固定圈子，要么对我的主动视而不见，我对自己无法与他人建立紧密关系而感到自责。

再回看关于社交的问题，我想从以下几个层面进行分析：

首先，融入美国的文化和社交圈是一件极其困难的事情，我有点急功近利，期望也过高了。有一次春节，我们几位中国同学到一位移民美国的中国同学家吃年夜饭，加入我们的还有一位正在学习中文的美国大学生。他的中文非常流利，但当我们一群中国人谈论让我们颇感兴趣的话题时，他作为一名外国人，因为无法明白我们的点，便只能在一旁不失礼貌地微笑，或是说一两句让我们无法接话的评论。这不也正是国际生们在美国的处境吗？即使没有了语言障碍，但因为各自的文化差异，对于多数国际生来说，要真正融入，也是不容易的。若听从国内老师、家长的建议，尽量避免和中国同学交往，多和当地同学交往，那只会让我们陷入社交死胡同。

其次，这样的处境很多时候并不是因为我自身的原因导致，而是因为圈子太小，选择面太窄。我们学校是一所非常小的私立学校，并且大部分同学早已相互熟识。我没有能够像其他几位国际生一样交到好朋友，是因为在这个非常局限的圈子中，没有碰到合适的同伴。

最后，我也有许多做得不好的地方，例如我有一点自我封闭。表面上我虽然在尽力加入不同的群体，在积极寻找话题，在努力做出尝试，然而我还不懂什么是真正的交友。与他人产生紧密连接的基础是探索出与他人相处的舒适模式，同时付出时间和精力。但是那个时候，我走在自己既定的路线上，不愿意偏离半分，不会因为某一个人改变节奏；我也很少会为一段关系付出：不会付出等朋友做活动的时间，不会付出为朋友准备生日惊喜的时间，不会付出和朋友闲聊的时间……而这些僵化的行为和想法，将我的边界局限了。

不过，当被这些挫败感笼罩时，我其实是忽视了已经存在的友谊。我们班的主席艾斯提是一个热情幽默的白人男孩，上数学课时他会邀请我加入同一个小组，在飞盘高尔夫俱乐部我们会互相说笑，每天早晨到学校也会给我一个热情的拥抱并寒暄问好……还有一个叫林登的男孩也与我要好，他有一头微卷的头发，身材有些发胖，笑起来憨厚可爱。他的爸爸是我们学校高中部的艺术老师，有一点德国血统。与林登在一起，不会无聊，不会有压力。一些高年级的学长学姐和老师对我也格外照顾，他们会关注我的感受，注意我的需求，尽可能让我融入这个集体，并在我需要的时候给予帮助。

我印象比较深刻的是那年的圣瓦伦丁节。这个节日既是传统的情人节，也是人们相互表达喜爱的日子。我们学校每年都会准备一些便签、贴纸和巧克力，在校师生用几美金便可购买，学生政府的同学会在节日当天将其派送给购买者想要给到的人。那天，学生政府的同学们在教室里来回穿梭，班里一会儿这个人收到一个贴纸，一会儿那个人得到一颗巧克力。坐在教室里，我的心情无比焦灼，担心自己在众目睽睽之下一无所获，成为那个显而易见的最没有人关注的人。令我意想不到的是，一位同学径直朝我走来，递给我一张印有桃心、写着留言的便签条和两颗“好时”巧克力。虽然这份礼物来自一位老师，但我因此感受到了被看见的喜悦。

进入一个陌生的环境，希望融入其中，成为不被孤立的那个人，这是我们的生存本能和第一诉求；同时，期盼与他人建立紧密的连接，是我们的另一个重要需求；此外，渴望被看见、被信任也是我们努力想要达到的。这些对于一名国际生来说，非常重要，也很有必要，但是要全都做到，是困难且漫长的。不用自责，不用焦虑，更不用在意他人的评价，每次将自己往前推一点，在这个过程中，会体悟到更多关于连接的含义，也能在不知不觉中变成自己希望的样子。

这个月，斯普林斯下了一场大雪，学校因此停课。我没有同住家前往宠物店参观，而是选择留在家里休息。家里一个人也没有，只有鱼缸中的一条鱼、沙发背后睡觉的两条狗、诺亚房中的一条蛇和利亚姆的一只仓鼠。我一个人享用着客厅的大沙发，看着新闻，中午从烘干机中取出一桶热乎乎的衣服，再一件件放入衣柜；晚上冲一点薏仁粉，带一个暖和的热水袋，钻进“莫奈花园”主题样式的被窝……这种体验让我感到内心的充盈和平静。

转眼到了三月中旬，为期三周的以体验为中心的学术研讨会（ECS）开始了。这次我参加了一个国际项目，即将前往秘

鲁共和国进行对于印加文化、当地语言、秘鲁社会的深度调研。我期待着这次深入神秘南美洲的旅程，但同时也对语言、社交、环境适应等方面有不少担心。

活动开始前的三天，我们集中在一个教室，做相应的行前准备。这次带队的是教授西班牙语的昆茨老师和教授历史的泰勒女士。我们在昆茨老师的带领下学习重要的西班牙语和当地的盖丘亚语词汇，又在泰勒女士的指导下，分成几个小组，利用一个下午的时间查阅了有关前印加的社会和文化，并做幻灯片介绍，还一起讨论了全球化的利弊并结合秘鲁做相应分析。不仅如此，我们观看了纪录片《枪炮、病菌与钢铁》和一部有关马丘比丘的建造影片，以及阅读一本厚厚的与可卡因相关的文献，并了解其与秘鲁文化的渊源。最后，我们每个人都收到一个笔记本。作为ECS的惯例，我们即将在接下来的三周每天写一篇日记，这让我再次深刻体会到了旅游和研讨会的区别。

根据规定，启程那天，我将所有电子产品放入抽屉中，虽然难以想象十几天无法接触到任何外在信息是怎样的体验，但同时也充满期待地准备开启我的秘鲁之行。早上六点，住家爸爸丹准时送我到学校集合。我们乘坐大巴赶往丹佛机场，又乘坐几小时的航班飞往迈阿密；由于接下来的航班留给我们的时间不多，我们几乎以百米冲刺的速度跑到登机口。当地时间晚上十一点，我们终于抵达了秘鲁共和国首都——利玛。

第二天早晨，行走在秘鲁的街道上，看着“爱之公园”湛蓝的海岸线以及矗立的岩石，我忽然对这座城市有了一种无法描述的喜爱——这里的一切都是那样的陌生，但是又莫名地亲切。接着，博物馆、教堂、古迹……填满了一天的行程。当落日时分，我们穿过拥挤的总统府，在斜阳的照射下，一群鸽子忽而飞起，穿过庄严建筑物上空的那一刹那，我那一天的记忆被定格在了那一刻。

当天，我们乘飞机赶往下一个城市——库斯科。与繁华喧嚣的利玛不同，库斯科展示给我们的是另一幅画面：我们乘坐的巴士穿过低矮的房屋、拥挤的市场以及层层叠叠的梯田，最后终于到了钦切罗镇。当地的手工编织和热闹的手工艺品商铺

让我们目不暇接。午餐时间，我们到了一个露天餐厅。这里有大块的绿色草坪、西式的餐桌和多样的自助食材。我们围坐在一起，轻松地享用美食，没有压力地交谈。我回想着来到秘鲁的这几天，虽然我偶尔会为能否在大巴上找到同伴并排坐而担心，但在这样一个来自高中不同年级的十几人小集体中，我感受到了相互的接纳和包容。的确，我的社交范围不应仅仅局限在住家的一亩三分地，也不应限制在十年级那二十几个同学中，当我走出去，接触到更多来自不同年级、不同背景，不同偏好和性格的人时，我发现，总可以遇见让我舒服的一群人。

下午，参观完著名艺术家Pablo Semanario结合了印加文化和现代理念的陶瓷工作室，以及印加国王Pachacuti的宫殿遗址，我们一行人来到车站等待前往马丘比丘的火车。上了那辆蓝色的铁皮火车，正当我庆幸拿到的车票是与另几位同学同坐时，一位身材健硕的男同学径直走过来对我说："我们可不可以调换下位置？因为我要和他们几个人一起聊天、玩纸牌。"我感到自尊心受到打击，更感到不被接纳和被排斥。如今想来，那位同学或许没有考虑那么多，只是简单地想与自己熟悉的朋友一起；反过来，从他的行为以及我经历过的一次次让我感到不适的事件中，我反倒学会了更好地在乎每个人的感受，让他人在与我相处的过程中能更舒适、自然。

晚上淅淅沥沥下了一整晚的雨，第二天我们没有立马前往马丘比丘，而是计划在与之邻近的华纳比丘徒步。早上七点，我们来到了华纳比丘山脚。因为台阶是在古老的印加帝国时期修建的，陡峭危险且几乎没有安全措施，所以在检票处我们每一位攀登者都需要签上名字，出来后再签名；这样的做法一是为了限制每日游客数量，二是方便统计游客是否遇险。作为没有徒步经验的人，我非常紧张。

前十几分钟的路途上，自然风光优美宜人，路面平坦。渐渐地，石阶的宽度越来越窄，坡度愈来愈陡，我们不得不手脚并用往上爬行。当我们都开始感到疲惫时，不知不觉已来到了“死亡阶梯”。这是一个七十五度的大斜坡，每个石阶的宽度仅有大约十五厘米，因而攀登时脚掌无法完全落地；而让我真正心惊胆战的是石阶的两边：右边是垂直向上的石壁，左边则是深不见底的悬崖；虽然石壁那侧有铁链辅助，但一个不小心便有可能坠入崖底，特别是在雨天路面湿滑的时候。我不敢回头看，只是专注脚下的一级级石梯。两名带队老师都是五十左右年纪，然而他们看上去没有丝毫畏惧，反倒一边攀登一边鼓励我们。几位同伴也在我需要的时候向我伸出了援手，这让我感受到了令人鼓舞的团队精神。在接近“死亡阶梯”平台的时候，我已记不清是需要过一个怎样的“险境”，但由于我当时有点掉队，四周都是陌生的游客，所以感觉骑虎难下，不知该如何攀登。忽然，一群来自中国的攀登者向我伸出了手，帮助我顺利登上平台。在南美洲，在华纳比丘，在我有点无助的时候，竟碰上了来自中国的同伴，这让我既惊奇又感动。平台上视野开阔，是眺望马丘比丘的绝佳地点，乌鲁班河在山丘之中穿梭，格外壮观。虽然再上去三米便是山顶，但我选择了驻足此地；对于自我保护意识很强的我而言，即便留有遗憾，也不想再冒风险。

本以为下山会容易很多，但没想到仍然挑战十足。我们不仅要更加小心地下类似“死亡阶梯”的台阶，还要钻过漆黑低矮的山洞。

接着，我们前往马丘比丘体验被我们称为“一生只有一次”的游览。不知道为什么，我对于马丘比丘的印象已经非常模糊了，但平原上那几只可爱的羊驼让我至今无法忘记。

之后几天，我们参观了更多的古废墟，晚上回到旅馆后便围坐在大厅，根据泰勒女士提出的问题，进行圆桌讨论。我非常喜欢这种既充满体验感又具学术性的沉浸式项目。

在库斯科市区的最后几天，我们还去了当地的集市，我们用西班牙语和商贩沟通，用当地的货币——新索尔购买商品，比较不同市场和超市的商品价格，并探寻全球化对社会的影响……我们像社会学家、人类学家一样探索、思考。我发自内心地喜欢那天的经历，这也在潜移默化中影响了我之后的专业选择。

接下来，我们开启了对秘鲁教育的探究。我们先是探访了一所学费高昂且排外的私立男校。我们围坐成不同的圈，用英语与一群身着精致制服的学生交流。接着，我们来到郊区一所为中下阶级的孩子设立的公立学校，并走进课堂和他们一起听讲。相比那所私立男校，这里的教室显得格外拥挤，教室中铅笔头乱飞，学生吵吵闹闹嘈杂一片。最后，我们离开库斯科，前往一个叫作Amaru的村庄，参访这里的乡村学校。黛安娜作为该村的第一个大学生，即将带领我们完成接下来的探索。沿着崎岖的山路，我们的车颠簸着朝Amaru开去，途中，我们拜访了黛安娜曾就读的高中。相比库斯科公立学校的学生，这里的学生更加腼腆羞涩，这令我们的谈话常陷入尴尬。突然有一名同学拿出排球，其他学生一跃而起，带着我们加入排球队伍。这里没有专业的排球场，我们只能围成一个大圈，相互传递排球。这时，学生们的脸上才渐渐展露了笑容，也慢慢向我们敞开了心扉。通过排球这样一个小小的媒介，将斯普林斯和库斯科的学生连接在了一起。那一刻，没有语言、文化的障碍，也没有阶层的阻隔，我们互相鼓励，共同进退。

下午时分，我们到达位于安第斯高原山区的Amaru。还没有正式进入村庄之前，我们就被隆重的仪式吸引了。我们穿过用树枝搭成的拱形门，村民们将花瓣撒在我们的头上，并给我们戴上鲜花编织的项链。仪式感还不仅如此，村里的妈妈们还拿出当地的传统服饰，帮我们穿上。在图案和配色上，这些服饰与我家乡的少数民族服饰有异曲同工之妙，这让我无比惊异。饭点，他们还制作了招待贵宾的烤肉——Guinea Pig。因为身边没有电子设备，我天真地以为这是一种猪肉，后来才知道，那竟是天竺鼠！

太阳落山之前，我们又学习了当地的农耕技术，还用西班牙语向村民们讲述了我们的故事。我与另一名中国同学用西班牙语介绍了中国文化。表达可能差强人意，但当我们借助第二外语将中国文化和当地文化串联起来时，感觉真的很奇妙。

晚上，在简陋的木质房子里，我躺在一张破旧的小床上，用仅有的薄毯抵挡寒冷，那一刻，我强烈地幻想着温暖的热水、舒适的地毯和柔软的被窝……

第二天清晨，我们来到了此行的最后一所学校——全村唯一的小学。学生们每天要走上好几公里才能到达这儿。因为很多学生只会说盖丘亚语，所以我们交流不多。然而，当泰勒女士带领大家一起在杂草间奔跑，抢着来回传递的足球时，我们之间因语言带来的隔阂再一次被打破了。

在Amaru的最后一天，村里的爸爸们用自制的传统乐器演奏音乐，妈妈们则拉着我们一同随着音乐起舞，这让我感受到了强烈的归属感。那天，我问村里好几个大人和孩子是否开心，他们都不约而同真诚且坚定地对我说："我很幸福！"一开始我非常不理解：他们没有像样的家具，没有流动的热水，更没有丰富的业余活动……但是，我意识到，他们拥有相互熟悉、相互支持、相互关爱的社区和家庭，这样的体验也是一种幸福。晚上，ECS的学生围坐一起讨论，我们意识到，物质不是实现幸福感的先决条件，更不是必要条件。三天的Amaru经历，让我此后每每被物质生活困扰时，都能豁然开朗。当然，我也看到了这个世界的不平等。同样在秘鲁，既有简陋的木质阁楼、光着脚在泥地上奔跑的孩子、收入微薄的质朴农民，也有如我们这样的，每日喝着封装的矿泉水，在只能看见白人的餐厅用餐，讨论着秘鲁全球化问题……两种截然不同的状态，在同一个时空重叠。我深刻地意识到，或许我们真的应该做点什么，让世界上的每一个人都能享受更好的资源。

回到库斯科，看完一场秘鲁进军世界杯的球赛，最后一次品尝极具特色的黄色可口可乐，吃过在这里的最后一顿午餐，我们赶往机场。同来时一样，我们再次差点误机，以百米冲刺的速度跑到登机口。

回到斯普林斯，我的皮肤上长了很多红点，泰勒女士告诉霍利，这可能是在秘鲁被蚊虫叮咬所致。霍利一家十分谨慎，回去后将我的行李留在了车库，并将我的所有物品扔进洗衣机——包括我给他们细心挑选的羊驼针织毛衣。我虽然理解他们的行为，但心中仍有不悦。

最后，在ECS课堂里，我们要选择感兴趣的话题，查阅资料，结合在秘鲁的经历，整理之后进行汇报。我选择了秘鲁教育，汇报结束后，得到了泰勒女士的肯定。

CSS以体验为中心的学术研讨会持续整整三周，放眼整个美国的高中，这绝非是平常的。我感恩这次的秘鲁之行，它让我对社交，对之后的专业选择，对教育的本质，都有了更为全面的认识。我之所以用如此长的篇幅记述秘鲁ECS，并非想为你提供一份关于南美洲的旅行攻略，更多是想通过完整细致的描述，回答很多人都关心的一个问题，即中国和美国的教育有什么区别。

抛开表面的诸多不同，我想说，美国高中教育的着眼点，更多是为学生提供丰富的机会和正确的引导，但它不会剥夺学生自己探索和感知的权利。诚然，秘鲁ECS结束时，印加文化的知识点我仍然无法倒背如流，还是无法完全理解西班牙对于印加的影响，也无法用西班牙语流利地进行日常交流……但是在美国的课堂中，我们不会被要求给出固定的“正确答案”，而是鼓励主动探索，老师同时给予积极的支持。这里的教育者就像一把火炬，照亮学生求索的路。在这个过程中，我逐渐明晰了自己的学术方向，学会了独立思考社会问题。这样的收获，难道不比死记硬背知识点更加可贵，更让人受益终生吗？

十年级的春假期间，妈妈决定到斯普林斯看望我，这让我既兴奋又紧张。兴奋在于，我期待着妈妈在我独自无助过、彷徨过、收获过、哭过、笑过的地方，也亲身体验一番。看看我住的房子，尝尝我的一日三餐，同我朝夕相处的人见面；紧张在于，我不确定我能否很好地切换角色和身份，在妈妈和住家妈妈、中国文化和美国文化、中国的相处方式和美国的相处方式之间，真实地展现自己。

住家也很激动。霍利让我教她说妈妈的中文名字，丹则可爱地问我：“见面时是应该拥抱，还是握手？”那天晚餐后，我和霍利开车去接妈妈，我们在车上谈论了些什么，我已经记不清了，只模糊记得，到家时已是深夜，我匆匆带着妈妈熟悉房间后便进屋休息了。

第二天，我还要上学，妈妈就自行参观了我们学校，体验了我的生活日常，并将她的所见所思以文字的方式告诉了我：

今天有半天时间参观了你的学校，并和每一位科任老师做了交谈，所有老师都对你取得的学术成绩赞叹不已。在新的学年，他们认为你不仅在学业上取得了很大进步，而且在和同学相处、积极参加各项活动方面都有很好的表现。老师们都建议你要更加自信，因为你有能力处理很多事情。

我和国际生老师戈雅蒂女士交流了。她明确告诉我，你和阿布里埃尔之间的不愉快主要责任在阿布里埃尔：她希望自己表现比你强大，所以处处与你为难。你已经做得相当好了，戈雅蒂女士为自己没有及早意识到这对你造成的伤害感到抱歉。

通过这段时间的相处，以及在你学校了解到的一切，我越来越为你感到骄傲和自豪。你克服了难以想象的心理冲击、文化冲击，变得越来越开放、包容。我知道第一学年的不愉快经历对你产生了不可避免的影响，加之你自身对学业的要求非常高，所以现在在新的住家，尽管大家非常喜欢你，对你也十分关注，但你有时仍然会紧张和焦虑，有时不敢或不好意思表达自己的想法。所有人，包括老师、住家和我们，都希望你以更自然、真实的状态与人相处；对于善良的人，你付出了真心，一定会收获更多回馈，并因此而快乐。

学业上，分数很重要，但更重要的是在学习过程中学会自主思考，锻炼执行力，坚持不懈，不惧怕犯错误。学习之外，可以多花点时间和住家互动，包括与两个弟弟做游戏，与爷爷奶奶聊天，与住家爸爸妈妈交流讨论。这些都会让你得到从单纯的学习中难以获得的能力。

和同学相处，以更自然、自信的状态展示自己。过于敏感类似作茧自缚，既让自己处于不舒适情绪中，又让自己真的变成大家都不愿接近的人。我相信你在心理上越过这个坎后，会越来越自信、开放、包容，朋友也会越来越多。

今天，我们针对这次访校进行了深入交流，你说你感觉自己在美高留学虽然有很大收获，但每一天的情绪都会有很大波动，时而生气，时而平和，时而信心满满，你笑称自己的小心脏有点承受不了这种坐过山车一样的感受。对于你的心境，我们感同身受，尤其在这次亲身体验后，我更加看到了你性格中的坚韧成分。每个人都可以选择永远待在舒适区，但其结果就是未必能永远舒适，因为这种舒适非常脆弱，经不住任何打击和变化；也可以迈出舒适区，当经历不舒适的阵痛后，你会愈加珍惜每天的生活，这样又进入了真正的舒适区，这种舒适是由你坚强平和的内心所支撑的，更真实，更牢固，更持久。你现在的留学经历正如从舒适区进入不舒适区，但阵痛带来的不适正慢慢消失。我相信你将更加自信、快乐，由此更从容地体验每天的生活。

妈妈

周末的中午，我作为“中间人”，组织住家和妈妈到附近刚开业的一家餐厅吃午餐。看得出，虽然聊天不多，但所有人都感觉很奇妙，彼此也变得更加熟悉、信任。那天，热心的丹和唐还带着我和妈妈在公路上开车，让妈妈自主操作，熟悉美国的交通。唐非常积极地向妈妈讲解：“这个是刹车，这个是手刹……” 还没等唐说完，丹插话道：“她又不是不会开车。” 唐笑了。记得我和丹坐在后排，唐坐在副驾驶指导着妈妈，而我则用中文为妈妈翻译，那样的组合、场景让人难忘。到了一处停车场，丹甚至让我练习了一把开车和倒车。随后，我和妈妈与他们道别，取车后便前往出租屋。对于本身开车就不自信的妈妈而言，这次在美国开车更是紧张；而我，第一次拿着谷歌地图帮司机指路也是神经紧绷。虽然中途走错了两次路，但好在我们还是顺利抵达了小屋。

这几天，我们过得自在而充实：我带着妈妈到我最喜欢的酸奶冰激凌店自制冰激凌，到历史悠久的马尼图斯普林斯小镇的汉堡店用午餐，到中国超市购买食材……有一次，我与妈妈走出市中心的巧克力店和糖果铺，发现我们的车需要缴费。对着那台自助收费机，我们都有点摸不着头脑。我拨通霍利的电话，想要寻求帮助，然而几番沟通后仍然没有琢磨清楚；这时，行人稀少的街道上走来一对中年夫妇，他们友善地帮助我们操作，当我们发现没有足够的硬币来缴费时，他们又热情地帮我们投币，还不需要我们补偿。那天风很大，气温骤降，这样的天气最容易让人感觉无助，但是，我们遇到这一对热心夫妻，又觉得很温暖。常有人问我在美国是否会遭到歧视，从我的个人经历来看，回答是：几乎没有。说“没有”是因为我个人从未遭受过有关种族和肤色的攻击，并且遇到了很多善良的、有同理心的美国人；而说“几乎”，是因为我仍然可以感受到，在很多白人的潜意识中，对亚裔的偏见是根深蒂固的。

开学前一天，我和妈妈回到了住家。我们一起打扫我的房间，购买了一张更好的床，给住家的每位家庭成员送上了精心包装的礼物。这天过得很快，夜幕降临了，我知道，妈妈第二天一大早便要启程回中国。她也为我发来一段文字：

春假期间和你在斯普林斯度过了一段既充实又有意义的时光。我们一起开车购物、游览、进餐、自助加油，一起在蓝天白云下散步、打网球，一起在住家生活，这对于你和我都无比重要。于我而言，我亲身体验了一个年轻女孩独自在异国他乡的生活，其中的不易与挣扎可谓一言难尽；于你而言，有机会让至亲体验你的生活，真正从内心懂你、支持你。

通过这一段时间的相处，你让我刮目相看，你有担当，有执行力，能够站在妈妈的角度考虑问题，也可以很好地照顾自己；你与住家有不错的互动，我能感受到他们一家对你的喜爱和关心；你在学习上的自律也让我惊叹不已。

当然，也有一些建议供你参考。首先，与住家相处方面，你可以更活泼，更放松，比如参与一些家务事，加入看新闻或对电视节目的讨论中上学或放学时，和家里的每个成员都热情打招呼，让他们感受到你的快乐，慢慢培养发自内心的美式自信和幽默。其次，参加各种运动，比如打网球时，让自己积极活跃起来，同时影响队友，重要的是沉浸在运动精神中，而不仅仅只关注动作是否标准等技术性问题。最后，让自己更阳光、自信、开朗，打破西方人认为亚裔仅仅是学习勤奋的高分学霸、处事小心谨慎、事事随大流的成见。

妈妈希望你通过在美国留学的经历，发现最好的自己，真正成为内心幸福、快乐的人。

妈妈

妈妈回国后好几天，我的情绪很不稳定，时常因为一点小事情焦虑、想哭、想家，但是，我没有被这些情绪支配，而是想办法化解。

我向学校的心理咨询老师述说了我的困扰。虽然很感谢她的耐心倾听，但是我发现，作为美国白人咨询师，在文化的阻隔之下，他们对国际生所面临的挑战和诉求，很难充分理解与共情。当然，我最主要的倾诉对象还是爸爸妈妈。周末视频的时候，我哭得很厉害，但每次哭过之后，便有了更多的思考，情绪也纾解不少，所以我自己常常称之为“有意义的哭”。这次，爸爸妈妈在不同的地点和我进行三方视频，之后，他们分别给我写了这样两封信件：

今天是自我春假回国后我们的第一次视频，尽管网络不是很好，可我们还是很好地分享了彼此的想法，每次小别离后所经历的情感波动和带来的情绪不稳，既困扰你也困扰我们，我想这也是成长烦恼的一部分吧！

我们时常会问自己：人的一辈子到底应该如何度过？在父母搭建的温室中成长？离开熟悉的环境尝试另一种生活方式？或者既有父母的呵护又能实现自己抱负的两全其美的生活？但这是设计好的人生，不是真正的人生，人生的道路需要自己一步一个脚印地走出来。我们用心去感受大千世界，我们将看到、听到、闻到的一切汇总为感性的认知进入大脑，这些经历慢慢丰富了我们的人生，让我们的心智更加成熟。外面的世界很精彩也很无奈，我们为什么放弃现有的舒适平稳生活？因为内心有一种声音在告诉我们：我想成为更好的自己。

乡愁别离中萌生的孤独、不安全和焦虑，就像斩不断、抽不完的丝，时不时在我们的心田缠绕，让我们内心纠结、放不开，我们需要做的不是回避，而是梳理它以便更好地释放，俗话说“解铃还须系铃人”。第一，不放大自己的难受。把现在最难受的写出来，然后写出相应的解决办法。比如想家，但还有不到两个月就可以回国；比如爸爸妈妈不在身边，但每天可以微信互动，每周可以视频、总结；比如孤单，可以通过读书或参与活动来调节。第二，动态看自己。比如，在语言交流能力、与住家的互动、课堂参与度等方面，相比刚到美国时，现在有多大的提升？自己是否满意？第三，心平气和地倾听自己内心的声音：我是更喜欢过去在国内的自己，还是如今这个历练过的自己？

人之所以活得累，一是因为太认真，二是因为太想要。欲望和诱惑，迷乱了心，常常让我们挣扎在追求和放弃之间，纠结在取舍和得失之间。其实，当我们快乐时，就应该想这快乐不是永恒的；当我们痛苦时，也可以想这痛苦不是永恒的。人生没有好坏，珍惜当下，一切都是最好的安排。

妈妈

每周与你视频都是很愉快的时光！可以分享你在美国学习生活的点点滴滴，爸爸既为你的成长进步而骄傲，也了解了你成长中的烦恼与焦虑。

万事万物都具有生命力，人生下来就具有原生的生命力，生命力的本质特征是不断积极向上的，我们既可以长成户外的参天大树，焕发出勃勃生机，令人仰望，也可以做室内的一盆优雅盆景，让人摆弄，供人欣赏。所以，我们得时常问问自己的内心：什么是自己所追求的？什么是自己的愿景？我愿意为自己所追求的东西、所期望的愿景去努力吗？如果愿意，那就不要过多地纠结与焦虑，做好当下，成为更好的自己。

其实，做任何事情都有舍有得，关键是做好平衡，既有舍与得的平衡，也有内心的平衡。在运动场上，你努力了，你就会得到健康的体魄与坚强的意志，舍下了汗水与疲惫；在学习中，你努力了，你就会得到更多的知识与能力，舍下了娱乐与休息。做好平衡，既能欢喜地得到，又能放松地舍去。

特别是学习生活中的一些小插曲，不要过于纠结，也不值得花时间去理会它，有时候挥一挥手，不带走一片云彩，既是一种生活态度，也是一种格局。跳出来你才能看得更远、获得更多。

我和你妈妈都是你最好的知心朋友，无论你做什么决定，我们都会毫无保留地全力支持你，做你坚强的后盾！

爸爸

---

十年级过了大半，过去阿布里埃尔给我造成的伤害已慢慢淡去，但是她从我的生活中消失了吗？答案是否定的。每当我们在学校相遇时，不论是上同一节课还是参加同一项体育运动，彼此都感到非常不自在，或许是因为曾经的经历和偏见，我总觉得她对我充满敌意。不过，这一切迎来了缓和的转机。一天，我无意间看到洛丽发布了一组图片，内容是阿布里埃尔和一个来自危地马拉的短期交换生在为节日装饰。看到照片的那一刻，我想起去年的相同时间、相同地点，我正和阿布里埃尔做着同样的事情。看着那熟悉又陌生的餐厅、花园，满是感慨，曾经好的坏的、开心的难过的涌

入脑海，好像一切都释然了。晚上的日结中，我的感恩部分写的是阿布里埃尔，感谢她去年一年作为我的住家妹妹。我慢慢感觉到，之前与他们家的种种，与阿布里埃尔的种种，慢慢地随风而逝，慢慢地放下了。

一天，我给洛丽发送节日祝福短信，她很快回复我并邀请我到她家晚餐。我有点犹豫，但想着这是一个可以让我带着全新的身份与他们重新建立联系的机会，便鼓足勇气答应了。霍利陪我到超市买了一盒点心作为礼物，我小心翼翼、充满忐忑地迈进阿布里埃尔家的大门。洛丽还没有下班，我与瑞恩和阿布里埃尔交谈了一会儿。不久，洛丽回来了，我同她一边聊天一边准备晚餐，氛围轻松愉快。是的，虽然那天我内心充满波澜，但我想，我应该彻底放下过去那些不愉快的经历了吧！对于这次跨出的勇敢一步，妈妈这样回信：

**你可能没有意识到，这一周你在与人的交往中跨出了很勇敢的一步，那就是：尽管住家妹妹有意无意给你造成的伤害还不能完全抹平，但你还是接受了他们共进晚餐的邀请。虽然开始是一种失控的紧张，但随着走进既熟悉又陌生的房间，内心反而释怀了；内心平和自信，在不错的氛围中结束了晚餐。另外值得一提的是，你感受到在美国与两个住家相处的经历，最明显的差别在于前一住家的生活像是隔着一层玻璃，不真实；而现在的住家，更真实。这一件件发生在你身上的事情，说明**

了一个事实：与人打交道，最重要的是做真实的自己。一方面我们需要以开放包容的态度接受不同的看法，提高自己的认知；另一方面我们需要培养足够的自信心，两者相结合，就能够成为更好的自己。

妈妈

网球季开始了。网球教练将几乎不怎么会打网球的九年级女生莉蒂亚和我组成双打，虽然这个安排让我有些抱怨，但整个网球季发生的故事依旧温暖了我。每天放学后，十一年级的塞布丽娜开着车，我们边聊天边前往户外网球场。在场地里，总会看到家长们拖着一箱箱能量饮料、一盒盒苹果泥或芝士条，在场地边的长桌前等着我们。比赛开始，莉蒂亚的妈妈总不会缺席，这位胖乎乎的、充满热情的中年女士，用最大的声音为我们加油，赛后还会热情地跟我聊天。我们的比赛结束后，我也会坐在场地旁的草地上，为正在比赛的其他同学加油鼓劲。晚上，我常常到M-P女士家做客，与她的几个孩子一起做作业、晚餐、聊天。其他时候，丹会直接从网球场接我回家，在回去的路上，他有时会问我："想吃点什么小吃CiCi?我开车带你去买。"我的答案总是甜甜圈、芝士块或墨西哥玉米片蘸鳄梨色拉酱。这些食物，我刚到美国时非常不喜欢，但短短的一年时间，它们竟然成了我的最爱。总之，网球季的这些细节，构成了我记忆中的亮色。

那段时间，我还尝试了用更加有影响力的方式完成学校要求的任务：每学期十八个小时的社区服务时间。我了解到，招生办主任M-P女士很难招到中国学生，主要原因在于科罗拉多州处于美国中部，很少有家长可以了解到我们学校。与M-P女士沟通后，我决定将学校网站的文字翻译成中文，并且制作一个中文版的宣传视频。校长舒巴克先生前往中国宣讲的时候，特意将我翻译的材料和视频带上，反响也很好。不论是九年级时找到CSS的幼儿园校长成为志愿者，还是十年级时主动同招生办主任沟通为学校翻译网站、制作视频，在美高这样包容和支持的环境下，我发现，只要有想法，并且积极主动，能为我提供探索个人兴趣、发挥个人价值的平台是很多的。

学术方面，我也更加自信，更加热爱学术探究。文学课上，我第一次感受到莎士比亚的魅力，喜欢上了《奥赛罗》，并且有了一个新的目的地：到伦敦观看《奥赛罗》的演出。世界历史课上，我发言的次数越来越多，表现非常优异。活动方面，作为世界文化俱乐部的副主席，我组织了“电影夜”活动，同学们在大厅免费观影的同时，可以购买我们出售的零食，所得利润用作俱乐部的活动经费。通过与利亚姆和诺亚的频繁相处，我对小孩子也有了更多的观察和感悟，一次我写道：

**一直很喜欢小孩子的我得以近距离了解他们，这让我在慢**

慢失去童真时，又将童真找了回来。

放学路上，我们坐在丹的红色车厢中，阳光穿过玻璃斜射进来，随着车的移动变得斑驳陆离。利亚姆睁着一双大大的眼睛，惊奇地望着窗外的一切，不时发问：“为什么白云不是黑色的？”“为什么不论我们开到哪里太阳都和我们在一起？”“为什么我们离太阳越来越近？”……世界因为一个三岁小孩的眼睛，变得那样生动鲜活。

早晨要出门的时候，诺亚快步跑向那只大狗狗，想要给她一个拥抱。突然，霍利向诺亚大喊道：“赶快穿上你的鞋子。”诺亚委屈地跑回来，一句话不说，慢慢穿上鞋子。这让我再次看到孩子和大人的关注点竟然会如此不同。

孩子并不比我们更弱小，他们的世界只是和我们的世界不同。当我真正沉下心，去理解他们，聆听他们的时候，我发觉他们的世界如此丰富，如此斑斓，如此有深度。

十年级学期结束，在高中部的年度颁奖典礼上，我获得了“最佳学生”奖。走上领奖台，从校长手中接过礼物，接受他对我的祝贺，那一刻我想：十年级以这样的方式结束，刚刚好！

「做一个实验家，用不同的方式体验生活的种种。」

第三部分

# 在美日常

「十一年级」

「留学不是从中国的一个小屋进入美国的另一个小屋，继续在房间里学习，而是走出去，多看，多想，多体验。」

在我的印象中，十一年级似乎没有可以详细描写的“大事件”，这一年就是我在美高学习生活的一个过渡……但是，当我梳理完这一年的日结、文章，再次对其进行复盘后，我惊异地发现文字总量虽然少一些，但我竟然也有那么多的改变，打动我的地方也不少。

再一次，我从中国到了美国。最近几次乘坐国际航班，我都是和CSS的另两位中国同学一起的，这样的方式让我可以更好地调整情绪，缓解从国内到国外的焦虑，并让十几个小时令人坐立不安的飞行轻松了些。

我坐在霍利那辆深蓝色别克商务车的后排，尽力调整着情绪，适应着改变。霍利转过身将手机递给我说：“利亚姆和诺亚想和你视频聊天。”当我看见视频那头两个调皮的男孩兴奋地、喋喋不休地讲述他们家和学校发生的种种事情，感受着两个男孩迫不及待要和我分享的心情，我内心多了份安全感和力量。一年的相处，这里好像真的慢慢变成了我的第二个家。

同往年一样，每年刚开学，总会有实践活动和山地旅行活动。这一年，特朗普对非法移民的政策在美国引起广泛的关注和争议，学校在正式开学前的实践活动中，请了一位移民方面的律师给我们做讲座，讨论关于移民的话题；而今年的山地旅行，记不清出于什么具体的原因，好像是身体不适，又好像是要考SAT（美国高中毕业生学术能力水平考试），又或是潜意识中抗拒这样的大型社交活动，我没有去。

但是，我并没有封闭自己，我主动邀请住家一起参加斯普林斯市非常著名的活动——热气球节。那天清晨，霍利带着我和诺亚，披着清晨淡紫色的阳光，沿着平静优美的湖岸，来到一块巨大的草坪。当看着一个个五彩斑斓、燃着火焰的热气球飞上天边，我感觉如在童话里；那一刻，我理解到：世界如此精彩，我们没有理由置身其外；用吾身之有涯，感受世界之无穷的道理。

---

这一年对于霍利来说，是一个巨大的转变和挑战。八年前，她和丹结婚，随后辞去工作，陪丹到韩国驻军三年。回到美国后他们先后从佛罗里达州搬到明尼苏达州，又在三年前来到科罗拉多州。不定时的搬迁让霍利无法稳定工作，两个男孩的出生，以及丹长期在外驻军或执行任务，让她做了八年的全职妈妈。今年，两个男孩一个进了幼儿园，另一个也长大了不少，霍利决定重回职场。她先后投了无数简历，参加了许多面试，结果都不理想。幸运的是，霍利最终被我们学校的幼儿园部录取，成了一名助理。

在与霍利的一次次交谈中，我深刻地意识到：作为军人家属，要面临很多旁人无法感知的压力和艰难。他们不仅要随时搬家，一次次告别熟悉的人际关系网络，再一次次建立新的朋友圈找到归属感，更需要面临生离死别的恐惧。一次，丹在以色列执行任务，他们的车刚穿过一座隧道，恐怖分子的炸弹随即将隧道炸毁；而另一次，丹在执行任务时差点被子弹击中，所幸死里逃生。斯普林斯有美国最大的军事基地，和丹有着相似遭遇的并不罕见。与诺亚同班的一个女孩在刚出生不久，她的爸爸就在军队训练中丧生。高中部的一名男孩，他的爸爸是阿帕奇战斗机的飞行员，曾多次参与战争，危险程度可想而知……霍利作为军人家属的一员，在面临压力的同时，也没有放弃勇敢迈出脚步重回职场的选择。

作为重回职场的三十多岁的女性，职场对霍利似乎也并不友好。霍利是一所州立大学的毕业生，加之这么多年脱离工作，因此她的职业技能并不具有竞争力。来到工作岗位，她被同事刁难，被安排做别人都不愿做的事情，被领导指责……虽然在晚餐时会抱怨几句，但是霍利仍然积极地做好她的每一项任务，并且将她“浪费”的几年带给她的经历，例如作为全职妈妈管理时间的能力，作为两个男孩子以及一名国际生的妈妈的教育经验，都转换成无可替代的职场优势。

曾经霍利在我眼里很普通：她出生在美国南部一个工人家庭，爸爸是煤矿工人，妈妈是电话接线员；在她很小的时候，父母离婚；长大后，她考入一个普通的州立大学完成了本科学业。平日里，我所看到的霍利是典型的中下阶层白人形象：喜欢吃甜食、喝碳酸饮料，晚上在沙发上看电视、刷脸书……然而，了解她的经历之后，我对她有了不一样的认识，她是一名闪着光的女性。后来我更是发现，我看到的只是很小一部分。经过多年的努力，在我高中毕业那年，他们一家搬到了学校附近的一幢地段更好的房子中居住，两个男孩继续在私立学校学习，享受比父母更好的教育资源……他们似乎正式步入了中产阶层。要知道，在美国，这样的阶级跃升是非常不容易的。我曾经那样片面地看霍利，然而每个人都是有很多不同的面，也有很多未被人看到的闪光点。

---

十一年级是我学业上的一个大跨越时期。这个学期，我们开始上AP课程，作业量和难度相应增加。我选择了AP心理学等好几个课程，除此之外，我还需要上几门本年级的必修课。开学第一周，繁重的课业，特别是AP心理学大量的阅读、考试，令我应接不暇，因此打起了退堂鼓，考虑放弃AP心理学的学习。下课后，我同泰勒女士（不仅教授世界历史和公众演讲，同时教授AP心理学）交谈，她鼓励我："你在世界历史课程中已经展现了非常好的理解能力、思考能力，并且也经受住了大量阅读的考验，我相信AP心理学对你也没有问题。不过一切都尊重你的决定。"我又硬着头皮坚持上了一周的课，没想到的是，从此我竟爱上了这门课程。第一次接受系统科学的心理学学习，我感受到了对它的兴趣以及它给我的生活带来的改变。是的，每天的阅读量非常大，就连一同学习的几位高年级美国同学也这样抱怨；是的，泰勒女士几乎每天一次小测试、每周一次大考试，而且难度一点也不小；是的，每天晚上结束排球训练后再完成作业，常常让我很晚才可以休息……但是，我却兴奋地想要阅读她布置的心理学文本，更期待每天下午的心理学课，期待它又会有怎样精彩的内容。

学到“先天和后天”板块，泰勒女士让我们分别用塑料小刀和金属刀，在非常短或者很长的时间内将花生酱涂抹在吐司片上。这个小实验让我们直观地了解了先天和后天因素如何共同地作用。学到“发展心理学”板块时，她则邀请了CSS幼儿园及小学的几组同学，让我们有机会给小朋友们做我们设计的测试。在“大脑神经递质”板块，泰勒女士要求我们用五彩的手工材料动手做极具创意的模型并讲解，值得一提的是，我的小组在这个项目中获得了第一名……我觉得泰勒女士是一个认真做教育的老师，在CSS的二十多年执教生涯中，她用自己的方式，精心设计着我们的每一个四十五分钟。

AP心理学于我而言还有更特殊的意义。虽然已经到了十一年级，但是远在异国，常有不安和情绪波动。然而，通过较为系统地学习心理学，我可以更加理性地觉知自己的情绪，对发生的很多事情，可以用心理学思维看待，并且自我纾解。

这个学期即将结束时，泰勒女士告诉我们，这将是她在CSS的最后一学期。那天晚上回到家，我哭了。泰勒女士虽然严厉，但却是在CSS对我学术生涯影响最大的老师。她所教授的每一门课都深刻地影响了我，我发自内心地想说一句：谢谢你，泰勒女士！很多人问我美国老师和中国的老师有什么不同，我想说，从泰勒女士对我的影响便可看出，美国学校的老师，与学生之间的关系更加紧密，这种关系是信任，是平等，是真诚。临走前，泰勒女士给我写了这样一句话：

**感谢你这些年所展现的勇气和决心。我会想念你的。**

**安·泰勒**

---

十一年级开学后的几个月，我虽然有时因为跟同学说了半天而对方却回一句“什么？”而感到尴尬，虽然有时因独自坐在自习室的一张桌子前，而邻桌则坐着一群同学而自我怀疑，虽然仍担心上课时身旁没有其他同学落座……但是，相比去年，这学期我在社交上表现得更加自如和自信了。

在学校的狂欢节上，我忙前忙后，帮着所在俱乐部举办各类游戏；作为艺术俱乐部的副主席，我安排着每一个同学的时间，也要忙着确保设施的运转；在模拟联合国俱乐部中，我报名参加了博尔德市的比赛，同凯莉组队并与来自不同学校的高中生展开针对“全球变暖”、“卢旺达种族屠杀”的辩论与合作；在我们学校组织的社区服务日中，我和一组同学来到CPCD（一个帮助贫困家庭的孩子不输在起跑线上的项目）和小孩子们聊天，给他们讲故事……

这样的转变是如何发生的呢？一方面我以开放的姿态与不同的人沟通，发现自己的不足并做出改进，同时慢慢将自己推出舒适区；另一方面，我找到了适合自己的社交方式，因而认识了更多志趣相投、相处舒适的朋友 。

---

去年，唐就查出患有胃癌。他作为美国越南战争的老兵，

享有优厚的医保条件，一直非常乐观地接受着治疗。菲利斯和他都相信，今年在丹佛做完手术后，他便可以过上正常生活。然而，事情并非都按照预期发展——唐的手术失败了。为了不让菲利斯伤心，唐坚持做着极其痛苦的化疗，整个人变得消瘦而颓废，几乎从早到晚都待在他和菲利斯的客厅中。

每天晚上没有了菲利斯和唐，住家的整个氛围好像有点奇怪。紧接着，我从霍利和菲利斯那里听到的关于唐的境况的只言片语，都表明情况不容乐观。在我十二级上学期时，医生就告诉我们唐只剩下几个月的时间了；丹推去驻军的任务，决心陪伴他爸爸最后的时光。十月份的一天早上，霍利对我说，唐或许今明几天便会离开，在一旁的两个小弟弟轮番问："他到天堂了吗？"我内心感到一阵紧张，第一次感受到死亡竟然离得如此之近。

下午，霍利匆匆走上楼，对我说："唐离开了。"她说她和丹打算带两个男孩出门参加一个派对，让他们暂时离开这个环境，菲利斯则会待在家中交接完最后的事情。我选择留在房中，或许是一种本能反应，我将窗帘拉上，房门紧锁，打开屋子内所有的灯；听着窗外声响，我虽不确定到底是什么，但也大概能猜出一二。恐惧笼罩着我，我打开电脑开始阅读学校布置的作业，试图平静下来。我没有太多的悲伤，因为我与唐相处的时间其实非常少，加之他的离开也是在预料之中。然而，这是我如此真切地亲见死亡，我不知道该如何面对，也不知道如何安慰唐的家人，更不知道在这种时刻该如何与他们尤其是与菲莉斯相处。当死亡就在身边时，每个人都如此束手无策，如此脆弱和敏感。

晚上霍利和丹带着两个小男孩回来，我们坐一起沉默着吃外卖披萨，丹则端着盘子到地下室陪菲利斯，整个氛围冰冷得似乎在下一秒就会被冻住。

菲利斯此后变得沉默寡言，随着时间的流逝，她才渐渐恢复过来。我相信，她心中的悲伤永远无法抹平，但她找到了与其和平共处的方法。她坚持每周到健身馆健身，与三五老友打保龄球比赛，自驾去拉斯维加斯旅行，每周一到电影院看电影（她和唐之前一直如此）。丹也会抽出时间，在菲利斯生日的时候带她看电影、吃美食。菲利斯长相斯文，性格内敛，然而，她在面对如此大的变故时，却展现出了惊人的韧性，她积极勇敢的生活态度，让我心生敬佩。

---

在住家的生活继续着，各种大大小小的分歧也不断。一次打排球时，我的眼镜鼻托被对面场地飞来的球砸坏了，我请霍利带我到眼镜店修理，但她似乎没回答我，而是继续抽查诺亚的西班牙语词汇，更出乎我意料的是，晚餐后，霍利未经我的同意，便拿起一把钳子粗暴地拨弄我的眼镜。当然，在我的坚持下，最后我们来到正规的眼镜店，恰好这家店里有我的镜框牌子，因此他们便免费帮我修好了。还有一件事我也感到不适，我发现不论是厨柜里的吐司片，还是冰箱中的酸奶，大部分都是过了最佳食用日期的，我对此心存芥蒂。与霍利的

相处也常让我琢磨不透，她情绪无常，有些面部表情也令我不明就里。我和爸爸妈妈对此做了交流，爸爸妈妈用文字这样开导我：

你多次提到霍利的情绪化让你不是特别舒服，这是很正常的反应，毕竟大家生活在一起，很容易互相影响。另外住家父母尽管表示要你多说出自己的想法，但当你真正提出时，他们往往又表现得不是特别积极，这也让你有些不痛快。

很高兴你能向我们分享你真实的喜怒哀乐。

做真实的自己，因为人的生活都是充满酸甜苦辣的。一方面每个人都有权利表达自己的想法，做自己想做的事情；同时每个人都有权利对任何要求说不，也不用为此不安或愧疚。另一方面，我们不是生活在真空中，我们希望满足自己的想法、愿望，但也要考虑这些有没有影响别人的生活，有没有给别人造成不便或增加麻烦。我们需要权衡，找到最合适的平衡点，这样大家才可以达成共识，和谐相处。生活中不如意之事十之八九，一切存在都有其合理性。接受现实，让自己快乐起来！霍利的表现正好提醒你，不要让不高兴的事沉积在心里，而应该及时疏导，这样既可以让自己轻松起来，又可以让周围人不被这些不良情绪影响。而且还要注意到，每个人的关注点不同，有些对你来说很重要的事情，对别人来说也许无足轻重。这非常正常，所谓换位思考也体现于此。其实这一切的核心还在于一个人的阅历和见识，美高的经历让你的内心逐渐强大，你今天所谈到的一切都将会变得无比自然。

爸爸，妈妈

当然，住家仍然是一个充满着可爱和惊喜的家庭。住家带着我和两个小弟弟到大片的南瓜园，感受秋天带给人的奇妙体验，以及感受美国田园生活的惬意。而当天气渐渐转冷，丹会帮我热一杯巧克力棉花糖，霍利则带着我一起做她最擅长的芝士蛋糕和糖霜饼干。他们还会在餐桌上开玩笑说："等春假CiCi的妈妈过来，让她带着竹片，利亚姆不听话就教训他。"当利亚姆吵着闹着要同我回中国的时候，他们则逗他说："把你装进CiCi的行李箱一起托运回中国。"

让我印象非常深刻的是今年的万圣节。我们带着利亚姆和诺亚，在万圣节前几天，到斯普林斯市一家非常大的动物园。他们穿着各自的万圣节服装，穿梭在斑马、鸵鸟、大象中，每到一个地点，便向一旁的工作人员要糖果。晚上的动物园别具一格：园内挂满了彩灯，动物们在人群的簇拥下兴奋起来。

万圣节当天，我没有和他们一起到街区，而是选择和菲利斯在家中，体验向小孩们发放糖果的乐趣。我坐在大门口的台阶上，拿着笔记本电脑，一旁放着满满当当两篮糖果。我一边做着学校的工作，一边等待着前来要糖的小孩们。让人哭笑不得的事情发生了：当我打开门给一个小孩发糖时，家中的狗狗忽然飞奔出去，我赶忙下楼找菲利斯帮忙，随后，左邻右舍以及丹也一起过来抓这只狂奔的狗。虽然我做错了事情，但是心底觉得这一幕无比鲜活，充满了烟火气。

那一周的视频聊天，我将发生的所有事情告诉了爸爸妈妈，他们这样给我回信：

今天是国庆长假的最后一天，我们在爷爷奶奶家与你视频，听了你的分享。我们对你过去一周的生活简单总结一下：

上周末你和住家驱车四十五分钟去到一个南瓜主题小农庄，看到了遍地金灿灿的南瓜并体验了秸秆迷宫。尽管霍利和她的朋友们一直聊天，没有更多地顾及到你，这让你一开始有点不知所措，但很快你就开始独自探索周围环境。明媚的阳光、新鲜的空气、迷人的农庄都让你感到愉悦。如此正好说明，如果你沉浸在抱怨中，不仅自己心里不痛快，住家组织的活动也无法达到好的效果；但只要你积极调整，跳出束缚，大家都会很好！

本周需要你处理的突发事情：眼镜因为打排球弄歪需要及时上眼镜店调整，而住家对这件事情的反应非常不积极，甚至有点漫不经心，这让你感到伤心、委屈、不痛快。联想有时他们不太情愿送你去参加课外活动，以及霍利时不时的垮脸，这些都很让你感觉和他们的相处不如上学期和谐，有时甚至觉得他们很自私。

这些想法和感受都是正常的，如果换成我们，一开始也会同你一样，甚至会越想越生气，越生气越感到委屈，最后陷入一种低落的情绪中无法自拔。但这既不利于问题的解决，又容易让自己受到不必要的伤害。

作为一个低龄留学生，到国外接受的是全方位的沉浸式的教育，你不得不独自面对很多意想不到的挑战，这也恰好能检验你的处世能力、情绪调控能力和适应能力。仔细梳理整件事情，修眼镜只是一根导火索，关键点则是：作为一个国际生，与住家的相处，已经从最初的小心翼翼到熟悉后的习以为常。但是，不同阶段的相处，需要有不同的认知，采取不同的态度，否则很容易导致误会。

另外，你这段时间课程负担很重，经常很晚才能睡觉。还有关于ECS的选择，因为你临时调整，学校老师没有按照你的想法划分，也让你心里不痛快。你这一周面临的问题确实很多，压力很大，可是你在慢慢调整，也逐渐释怀了。这一点尤为难能可贵，因为你靠自己将事情慢慢引导至有利于问题解决的方向，而不是任其停滞不前。

爸爸，妈妈

---

本学期即将结束时，我虽然要面对繁重的期末复习，但也有很多的趣事值得收入回忆。

首先是感恩节，我再次去加州旅行了。这次，我体验了完全不一样的旅行路线：我爬了好莱坞山，去了环球影城，到洛杉矶看了湖人队对决爵士队的NBA比赛……在学校，我们举行了圣诞音乐会。虽然那天我的长笛音色非常奇怪。为了不影响整个乐队的演出，整场表演我都尽力压低声音，这让我不免遗憾。但是活动中轻快的节日乐曲，仍然令我身心愉悦。在美国国家荣誉协会的俱乐部中，我第一次参加了百乐餐聚会和神秘圣诞老人活动。我们每人负责带一样菜品，午间，成员们围坐在教室里，品尝各式各样的美食。那次，霍利帮助我做了一道名为奶酪球的餐后甜点，深得同学们的喜爱。在神秘圣诞老人活动中，我们每人事先随机抽取一位同学的名字，并为他准备一份圣诞礼物。我非常喜欢这种充满仪式感的活动，我想，仪式感并非是同品质生活画直接等号，它更多的

作用是：在现代社会中，当人与人的关系疏离时，仪式感可以形成一个纽带，帮助人们建立紧密的关系。

---

当十一年级的生活开始有条不紊地进行时，我想，这是个非常好的时机，我可以带你一睹美高学习生活的日常。

我在住家的二楼有一个独立卧室，面积虽然不算大，但房间里的功能和陈设我都非常喜欢。妈妈去年春假过来时给我买的那张白漆大床占据了屋内大半的空间，床后的墙壁上，住家为我制作了一个 “CiCi” 字样的粉色字母挂件。我挑选了两套不同风格的床上用品轮流使用：一套是有不规则莫兰迪色小点的素雅风格，另一套则是印有大片玫瑰花犹如莫奈的花园一般的饱和度极高的暖色调风格。床头有一个木质的床头柜，上面放着霍利为我制作的小台灯和我在亚马逊购买的加湿器。科罗拉多的湿度非常低，每年几乎没有降雨。作为一个中国南方女孩，加湿器变得尤为必要。蓝色的窗帘后，是一扇正对着住家大门口的小窗；因为美国的家庭几乎一年四季都开着空调，所以人们没有开窗的习惯。稍稍侧一点身，便是我的书桌，书桌和书架合为一体，整张桌子的面积虽然只够放一盏台灯、一台电脑和几本书，但也足够。书架上被我密密麻麻放满了活页夹和书本。书桌旁边，我放了一个小鞋柜，还有邻居为我手工制作的公告栏。靠近门的地方，是一个白色衣柜。因为柜子里只有一根长长的挂衣杆，我将一年四季的衣服都用衣架挂着，剩余的储物空间，则堆满了储物箱和几个行李箱。另有一个与床头柜配套的五斗柜，它的每一层抽屉，我都用来分类收纳，井井有条。五斗柜上方，住家为我装了一个小电视机。房间地面铺着柔软的亚麻色地毯，屋顶上挂着传统的美式带风扇的吊灯和一串围绕在边缘的灯珠。每到夜幕降临，我合上窗帘，打开屋内的所有光源，看着加湿器中冒出的水汽，我被窗帘、被套、地毯、灯光组成的暖色调包裹着，内心觉得非常踏实。

清晨六点三十分，伴着两只狗狗的吠叫，我从被窝中爬起，正式开启一天的生活。因为住家的房子位于喷泉市，而我的学校则在斯普林斯市，所以我总要比大多数同学更早出门。我趁着两个小弟弟还没有起床，匆匆到我们共用的洗手间洗漱。这个洗手间中有两个水池、两面镜子，身后是马桶和浴池。

回到房间，整理好衣着妆容后，我在走下楼梯前演练一个大大的微笑：重新整理，给住家一个笑容和一句“早上好”，积极面对这一天。走进厨房，我熟练地烧一壶水，在等待的过程中切开一个清香四溢的柠檬，挤出果汁。待水壶卡扣“咔嚓”一声跳起，我将水杯充满。往左手边走几步，拉开柜子，从堆满了各式各样金属餐具的抽屉里拿出一把勺子，便端着早餐走向餐桌同两个弟弟一起吃早餐。即便是如此忙碌的早晨，利亚姆和诺亚仍然拿着平板电脑看动画片。七点十五左右，我再次上楼稍作整理，背上书包，提着装有教科书的布袋子，走到客厅，等待出发。若天气转冷，霍利总会先出去发动车子并开启空调；若头天晚上气温骤降，防风玻璃上结满了冰霜，她则会从车后排拿上除冰铲移除冰块。七点半左右，我们上车准备出发去学校。我坐在副驾驶，利亚姆和诺亚坐在后排的儿童安全椅上，并戴着两个耳机看动画片。三十分钟的车程中，我们的车速很快，几乎全程高速。我和霍利听着《美国有线电视新闻网络》的新闻，偶尔讨论一番；有时，我们又几乎全程聊天，新闻不过成了背景白噪音。

霍利通常先将我放在高中部的教学楼门口，再送两个男孩进幼儿园。有一次，利亚姆因为沉迷看动画片没有和我说再见，到了幼儿园之后竟哭起来；霍利不得不打电话给我，让利亚姆再与我好好说一次再见才作罢。我走向教学楼前的台阶，迎接我们的是高中部校长。校长早上七点过便站在门口，风雨无阻地等待着陆续到来的我们，带着和善的微笑与每一名学生问好。校长的笑容是那样的真诚，语言又是那样鼓舞人心。这个场景，一直是我在美高最喜欢的部分之一。

走上二楼，一路遇到相熟的同学和老师，我们相互问好又匆匆分开。我在自己的储物柜前放下书包，走进一旁的自习室。坐在挤满同学的圆桌上，拿出笔记本电脑，进入谷歌教室或是各类共享文档做手头待完成的工作；不用刻意和某一个人说话，更不用刻意加入哪个群体，这样的氛围让我觉得非常轻松。没有上课铃，看着时间临近八点整，我背着书包、提着水杯走进教室。教室分布在上下两层，每间教室既是我们十几个同学上课的场所，又是每个老师的独立办公室。教室中虽摆放着统一采购的桌椅、白板和投影仪，但不论桌椅的摆放还是教室的布置，每个教室都各有特色。有的教室中，老师将多张桌椅拼成一个长方形；而另一些教室中，桌椅则被组合成一个个的小组。教室的布置也是各有不同：有的老师在教室的墙上用马克笔写满各种字符和公式，有的老师在地上堆满了地毯和柔软的坐垫，而有的则在墙上挂上了旧报纸和照片……走进不同的教室，便可以立刻感受到每位老师独特的风格。

从早上八点到下午三点十五，我们每天大约有八节四十五分钟的课堂。而每一个四十五分钟，我们称之为“块”，从A到Z按照时间顺序排列。周一的C块是整个高中部的晨会，周二到周五的C块则是乐队排练时间。晨会的形式非常特别：不是校长或老师作为权威在台上讲话，而是由学生会主席主持，同学们只要有想要通知的事情或者分享的活动，都可以上台发言。在乐队排练时间，三十几名来自不同年级的高中生从储物间的格子上取下琳琅满目的乐器，等待着排练的开始。由于我长笛技艺欠佳，乐队排练并不是我最喜欢的一节课，有时甚至会略感紧张，但当一首乐曲响起，黑管、小号、长笛……一起协奏，我又会一次次感到音乐带给我的治愈。

一天中我们通常会有一到两节课的自习时间。这段时间，我们可以自行安排学习，十一、十二年级的高年级学生甚至可以开车出校门。这样的自主性与在中国学校的半封闭式管理形成鲜明对比。我想，这样的形式一方面给到学生更多的空间，可以更加高效地实施适合自己的安排，但另一方面也让一些自我管理能力较差的同学过于“自由”，无法集中精力。

我非常珍惜这样的自习时间，除了完成作业、复习功课，我会尽量利用这段时间向老师们请教问题。每个老师对我单独请教的反应风格截然不同。J-S女士非常耐心细致，会花很多时间慢慢为我解答疑问，让我感到很有安全感；本森先生则会显得有点匆忙，他对我提出的问题总是用一两句话回复，有时我稍微多问一些问题，他便说他还有其他事情需要处理。不过，总体而言，每一位老师都非常鼓励学生到他们的教室提问，甚至谈论学业以外的事情。在这里，进老师的办公室几乎没有任何压力，向老师请教问题一定会得到认真解答；他们不仅仅是坐在办公桌前的权威，也是我们的老师和朋友。这个过程中，学生与知识的互动性得到提高，同时师生之间的了解也更加深入，教与学之间是一种正向互动。同样，从老师对学生的态度可以看出，这个职业对他们而言，不仅是一份工作，更是热爱的事业；他们全身心投入自己所教授的课程，也真诚地与每一个学生相处。

午餐时间，师生一同去一座叫美泰格的建筑用午餐。走下楼梯，穿过摆放着十几张桌椅的、宽敞明亮的就餐区，我们来到厨房区域取餐。橱窗中陈列着传统的美式午餐：汉堡、热狗、披萨、薯条、玉米粒、小胡萝卜、培根、墨西哥饼……通常，我下课后便直奔美泰格，同大多数同学一样，选用一次性餐盘打好午餐后，便匆匆前往俱乐部准备开会。快节奏中藏着惊喜：有时穿过就餐区，会碰见诺亚，他会兴奋地跑过来拥抱我。周一到周五的午餐时间，俱乐部基本都有会议，我端着餐盘和同学们围坐在教室中，就一个特定的主题谈论着想法和计划。

四十五分钟的午餐时间总是那样匆忙，下午我们还需要再上三节课。大部分课堂上，老师会放映幻灯片讲解，我们则一边做笔记，一边高速运转着大脑回答老师提出的问题，有时也会有各类有趣的小活动。不过我想说，美国的课堂其实同国内的课堂一样，也有大量的讲授时间，也会传授大量知识点，不同的是，美国的课堂上，学生可以批判性地发表自己的观点，每一个声音都能被听见，每一种观点都会被尊重。这样一来，我们在学习知识的过程中，也潜移默化地培养了其他的能力，例如批判能力、表达复杂问题的能力、与同伴协作的能力。下课同样没有铃声，但是老师一定会准时下课，为我们留出完整的五分钟，走到另一间教室。

在排球季或网球季，下午三点十五分最后一节课结束，我背上书包到体育馆的更衣间，换上运动装加入训练队伍。其余几个月，我则习惯到学校的健身房运动。美国高中的体育训练非常有趣，虽然我们全副武装，有专业的场地和教练，但训练却并非那么“专业”。在网球训练中，教练大多时候只是简单地指导两句，大部分训练时间都留给我们相互打比赛。说实话，这样的训练很难提升技艺，更多的是提供一个平台让我们享受体育带来的不同体验。

训练结束后，天也渐渐暗了，这时霍利或丹会在体育馆一旁等着我。在车上，我和他们总有聊不完的话题。回到家，我上楼写作业，霍利和菲利斯则在厨房烹饪晚餐。菲利斯总会在晚餐做好前在每个人的座位上放一张厨房用纸、一副刀叉及一个一次性纸盘，并大声喊：“晚餐做好了！”我们随即从各个地方涌入餐厅。晚餐后，每个人将自己的餐盘扔进垃圾桶，将餐具冲洗干净，最后放在水池一旁。我负责擦拭餐桌，丹负责将餐具装进洗碗机，菲利斯和霍利则收拾厨房；两个小弟弟拿出平板电脑和一个装满各式糖果的篮子，享受晚餐后的娱乐时间。

接着，我进入房间开始学习。我习惯性地关上门，因为这个时候是整个房子最吵闹的时间段：霍利和丹大声呵斥着两个小弟弟，督促他们放下平板电脑到浴室洗澡；两个小弟弟嬉笑打闹着进入装满了水的浴池，丹与他们玩闹着。接着声音渐小，一切归于平静。他们穿上睡衣睡裤，躺在同一个房间的上下铺，听着爸爸妈妈读睡前故事。而我则仍然“穿梭”在各个学科之间写作业，并在谷歌教室设定的截止日期前完成提交。待两个小弟弟安静下来，霍利和丹走到一楼，打开电视开始他们的时间；这时，两个小弟弟通常睡眼惺忪地敲开我的房门，与我道一声晚安。十点左右，所有人都进入房间，只有我的房间仍然亮着灯。屋外漆黑一片，但想着这栋房子中有这么多人，我心中滋生的一刹那恐惧便会立刻消失。十一点左右，收拾好书包，我开始写日结，回顾当天的每一个细节，从旁观者（也是亲历者）的角度记录、思考并发到朋友圈。接着，我快速洗漱，然后回到房间，关上灯……

周末总是充满既定的仪式感：周六晚上八点，我坐在书桌前，将接入蓝牙耳机的手机架在电脑上，爸爸妈妈也准备好了视频设备和一个笔记本、一支笔，我们开始每周一次的视频。我们从相互提问环节，到我的分享，再到他们的分享，最后给出建议。这个持续两个多小时的视频总伴随着娓娓道来的故事、激烈的辩论、抹干眼泪后的笑容和思想的点亮……视频后，爸爸妈妈总会花好几个小时的时间商讨着写一个复盘信件发给我。截至美高毕业，我的文件夹中已经有将近100封爸爸妈妈写给我的信。有时视频形式会稍有不同，爸爸妈妈会到爷爷奶奶或公公婆婆家，一大家子人一边准备着午餐，一边兴奋地在镜头前同我打招呼，并不厌其烦地叮嘱我照顾好自己。

在一个学期中的某些日子，学校会因为觉得学生压力太大举行"幼儿园日"，即让我们用一个下午的时间做幼儿园小朋友的活动，例如堆大型积木、做纸杯蛋糕和画画，以释放压力。在天气不错的时候，学校还会在大课间组织学生和老师竞争的小型运动会。在一些重要的节日，例如万圣节，学校会邀请幼儿园的小朋友们穿上各式各样的服装在整个学校游行，正在上课的高中部学生则会冲出教室在走廊等待与小朋友们击掌……

这就是我再平常、再普通不过的一天。平常的生活中会有很多不安、挑战、权衡、机会以及满足……一步步地做，用心面对生活，积极、温暖，不需要完美……这，就是生活该有的模样吧！

———

这个学期很快便要结束，等待着我的最后一件事是十二月的期末考试。在国内上初中时，我和同学们总是反复且大量地做着老师布置的练习，应对一场接一场的考试。我有时会感觉自己明明已经很认真听课、复习了，但考试总拿不到理想的分数，总之内心非常焦虑，又找不到应对的办法。每次考试后，老师都会当着全班同学的面念分数，并将排名贴在教室里……到了某一个阶段，我会不明白自己到底是为了什么去努力考出高分，也许仅仅为了内心的安全感?

美高的考试复习就很不一样，老师会充分利用课堂时间，讲解完重要知识点，课下只留少量题目作为练习。对于学习主动的学生，这给了他们更多时间思考：哪方面的知识点掌握不充分？哪些内容上课的时候还没有完全理解？哪一方面需要更多练习？没有了忙忙碌碌，但多了自主思考时间，让我们能自主发现薄弱点并针对性地高效学习。值得一提的是，美国老师非常鼓励学生提出问题并与其探讨。比如我上完AP课后，会先整理笔记，然后完成作业、查资料，最后总结不明白的知识点；我会通过邮件和老师预约讨论时间，逐一探讨。如果还需要巩固加强，我会网购习题书，针对薄弱点做练习。从被动填鸭变成主动学习，自己主动发掘薄弱问题并针对性地解决；任何看似困难的学科，经过这样的学习，都能够在短时间内得到提高。

美国高中的期末考试形式与国内相比，有相似，也有不同。每一门学科都提前设定了考试时间，但考试地点都在美泰格餐厅。老师们提前将试卷放在圆桌上，并确保每张桌子上的考试科目互不相同；这样的方式，很好地规避了偷窥作弊的风险。接着，我们依次落座，待考试时间开始，迅速答题。与国内相比，最大的不同有两点。其一，有的学科，例如数学和文学，我们被允许带一张规定大小的纸条进入考场，上面写着需要的数学公式或文学论文大纲，这样的方式一定程度上减轻了期末备考的压力。其二，考试过程中，如果有任何疑问，我们可以随时举手问监考老师，当然，不能问老师具体的题目。根据我的观察，大部分美国高中生对期末考试的重视程度似乎远不如国内的高中生。大多同学虽然在考试之前会用功地复习备考，考试期间也不免紧张，但是他们并不那样看重考试结果。每当答完试卷，大部分人不会再细心检查，更多选择提前交卷离开考场；考试过程中，也没有同学会为了成绩做出违反规定的行为。我认为，导致这些差异的主要原因，一是因为美国GPA是根据每次作业、小测、期末考试等合并计算，所以一次考试并不能决定全部。二是美国学校对作弊是零容忍的，因此老师强调的不是分数，而是每次考试尽力而为就行。三是因为美国的高中老师不会公布每个人的分数，也不会给同学们过多分数上的压力，所以同学们相应地也不会过于看重分数。最后，期末考试的题目是基于每次上课的内容，几乎从不会有过难或者超纲的题目，所以对上课认真的同学来说，期末考试不需要过于紧张。对上课不上心的同学而言，他们也十分清楚自己的水平。在期末考试结束后，我们不用在焦虑中等待老师批改试卷、公布排名，只需进入网站，输入密码，便可查看分数。当然，美国学生的分数也不是完全隐蔽的；在每个学期结束后，学校会制作本学期的荣誉榜单，GPA较高的同学名字会列入榜单，并且分享给全校的家长和学生。

这学期我选的几门AP课程的考试地点和方式与以往略有不同。老师们是参照过往AP考试的题目出的试题，并严格按照AP考试的时间和要求进行测评。考试地点是在老师的教室中，这也是我们下学期正式参加AP考试的地点。不论时间的紧迫性还是题目的难度，AP考试都胜于普通学科的期末考试，因而同学们的压力也相应更高。我们常会在考试之前，要么自行复习，要么到老师办公室请教问题。

对于考试，我想我们应该换一种心态来理解：考试不是让我们紧张和焦虑，而是让我们的学习生活更加丰富，更有收获。通过一次次的努力和积累，最终帮助我们获得提升。每次期末考试，当最后一门课考试结束，我都感到如释重负，因为这意味着这一学期在美国的学习生活告一段落了。我会习惯性地围着校园，绕过已经结冰的湖，穿过铺满金黄落叶的小道，踩着落满零散冰霜的草坪，走几圈再回教室。这个过程，让我有机会感受心理学中所说的“敬畏时刻”，总能发现一些平常未曾留意的惊喜。回到住家，我喜欢坐在床上，靠着墙，裹着舒适的毛毯，穿着暖和的家居服追一部剧或者综艺；期末考试结束后的这种居家生活，以及即将告别一个学期的轻松心境，令人心旷神怡。

---

寒假很快结束，我又回到了美国。没多久，我迎来了十八岁生日。同往年一样，住家认真为我的生日做着准备，希望我能在这样的时刻感到家的温暖。今年，霍利和我一同做了奥利奥口味的芝士蛋糕，我们一起吃了丰盛的晚餐，我还得到了一份令我记忆深刻的礼物——百老汇音乐剧票。在学校，我再一次收到了同学们的祝福。十八岁生日，平凡，简单，但好像又那么隆重。这是我在美国的第三年，也是第三次与异国的家人朋友一起过生日。爸爸妈妈也给我写了一

封信：

愿你的快乐与岁月无关，

愿你的纯真与经历无关，

沧海桑田后依旧乘风破浪，

尘埃落定后依旧炙热欢畅。

今天是你的18岁生日，18岁，一个神圣的时间节点，首先意味着成年，其次蕴含着独立，还有昭示着新的台阶、责任与憧憬，更是我们需要回望往昔、收拾行囊再出发的起点。

时间都去哪儿了？时间都在分分秒秒的流逝中记录了你的成长、欢乐、泪水、彷徨、勇气与蜕变。在这个特别的日子里，爸爸妈妈有几句话想对你说。

一是关于学习。

学习是获得成功、通向幸福的必经之路，幸运只会眷顾持续努力的人。一旦踏出追求梦想的第一步，就要竭尽全力。辛勤的付出是你的必修功课，不骛于空声，不驰于空想，脚踏实地，夯实各门功课的基础，奠定牢固的底层基座，将来不论从事何种职业，在何种领域工作，都可以做到事半功倍。一要系统地学习。弄清楚前因后果、来龙去脉，追本溯源，领会知识发展的脉络。二要关联着学习。各知识点、各领域都是互相关联、相互印证的，在学习时注意思考其关联之处，融会贯通。三要跳出书本学习。尽信书不如无书，走出去，看看不同的地方，当你看过广阔的世界后，你对自己和国家的理解会更深入。

二是关于心态。

保持自信开放，作为国际学生，理应成为世界公民，必将参与全球竞争。一要敞开心胸，不要拒绝第一眼看上去和你不一样的人。我们常用初次印象去判断一个人，这很自然，也往往是很有用的方式；但是，知道某一类型的人和知道某一个人是很不相同的。每个人都有自己的特点与个性，尊重他人，既彬彬有礼又不卑不亢，与他们自然交流。二要多走走看看，持续不断地探索这个世界。要自己去观看、嗅闻、触摸、聆听和品尝你能接触到的所有东西。

三是关于认识自己。

你需要知道自己是谁：你需要了解周遭的情况、世界和历史，但是更重要的，你需要了解作为一个个体，你是谁。在镜子里好好端详一下自己，问是什么驱动着你去读美高，了解你的弱点和察觉你的错误，改掉它；发现你的优点，洞察你的需要，展现它。

四是关于品质。

你有很多优良品质，比如坚持，你能坚持自己的方向，向着长期的目标，即便遇到困难，依然能不懈地努力做下去，这将有助于你将来在任何领域获得成功。但你需要培养松弛的品质，在遇到重大挑战时，换一种方式，跳出来，看一看，或许就海阔天空、迎刃而解了。

五是关于友情、爱情。

人的社会性决定人需要建立稳定的社会关系。我们生活在不同的圈子中，从小到大，我们会慢慢从家人圈、熟人圈走向同学圈、朋友圈、同事圈、合作伙伴圈等等，人际交往会越来越复杂，有时会令人感觉不适应，甚至有意无意去回避。其实，回避不是解决问题的方法，它只会给人内心造成不安，带来焦虑。从自身来说，我们需要保持诚心正意的态度，大方自然，自信从容，不矫揉造作；从外在看，我们需要了解，世界很大，人各有不同，优缺点共存，不能以自己的标准要求别人，某些事情可以退一步达成一致，某些事情又必须坚持底线维护道德准则。我们还需要在不同场合考虑他人的感受，尽量不要让人尴尬或下不了台。总之张弛有度，相信你既能拥有热闹的社交圈，又拥有独立的灵魂。

另外，随着年龄增长和交往面的扩大，找到一个可以相伴终生的伴侣也是重要的人生课题。我们常说要在合适的时间做合适的事情。当你心智逐渐成熟，周围又有很多和你一样有梦想有追求的同龄人时，可以在交往过程中增加彼此的了解。从一个人的外在形象、着装风格、待人接物、情绪管理、健康观念、经济管理能力及家庭出身等多方面进行考察。当然，最重要的一点还是彼此心有灵犀，这非常抽象，需要在一定了解的基础上才能感受出来。找到合适的伴侣会让人生更加完整美好，所以不必一味强调先立业再成家，有时，伴侣间的鼓励和扶持，也是一件相得益彰的事。

亲爱的女儿，在你18岁生日之际，爸爸妈妈心中充满了喜

**悦和骄傲。我们希望你成为一个健康快乐、积极向上的女孩！**

**爸爸，妈妈**

这学期的学业更加繁重，与住家相处的时间变得很少，菲利斯有次开玩笑对我说："现在只能在晚餐桌上见到你了。"不过，同住家之间仍然有不少故事，回想起来总让我忍不住嘴角上扬。

霍利纹了一个非常有爱的纹身——一棵大树上住着五只不同颜色的鸟。她告诉我，这些鸟分别代表利亚姆、诺亚、丹、她自己和我。听到这，我既感动又有些惭愧，感动在于，霍利发自内心地把我当成家人；惭愧的是，我对他们，似乎并未如此。是的，他们是我非常好也很亲近的朋友，然而作为远在异国的留学生，经受着学习、生活的重重挑战，情绪也不甚稳定，要放下所有戒备、不安，将这里当作家，把他们当作真正的亲人，这对于我来说，似乎很难。但不论如何，霍利的这个小细节让我深信，人和人之间可以建立这样深厚的信任和感情，并给人温暖和力量。

周末大多数时间我都在做功课，但是我仍然记得，周末的晚上我和两个弟弟、丹一起坐在柔软的大沙发上看《神奇动物在哪里》的惬意；记得和两个弟弟在Buid A Bear玩具店给小熊充棉花、装爱心、挑选衣服的充满童真的下午；记得丹的朋友的大狗——富兰克林来到我们这里暂住的三四天带给我们的欢乐；记得诺亚充当男子汉帮我提又大又重的背包，想做称职好弟弟的可爱；记得霍利问我等会儿是想坐她的车还是丹的车回去让我感到的家的气息……虽然我也因为在医院等待将近三个小时最后只与医生短暂谈话不到十分钟就花了一百多美元感到生气，因为丹或者霍利表现出的一些行为产生猜疑和不满，因为两个弟弟的吵闹而心烦……但是在住家生活的主基调还是温暖的暖色调。那天和家人聊天，和他们分享了很多，得到如下回信：

今天是大年初五，我们在公公婆婆家与你视频，非常热闹。舅舅一家、小姨一家及公公婆婆都和你聊天。尽管你还有点感冒，身体不适，但精神状态不错，和所有人都聊得很开心，看见你各方面都不错，大家都觉得你很了不起。简单总结今天视频的内容如下：

一、与住家妈妈的关系

住家妈妈在新年送给你一个装有20美元的压岁包，并且新做了一个纹身，那棵大树上的其中一只鸟代表你。这让你很感动，你感觉住家尤其霍利对你非常真诚，相反你自己的想法有时反而带有更多功利。其实，我们觉得你现在和住家的关系处得很不错，你和两个小弟弟有很多互动，他们能感受你对他们的爱和耐心；你和霍利一起购物、做甜点、分担家务；你和丹一起讨论学术问题和对一些问题的看法；你和菲利斯聊天……这一切都让他们把你当家人。正如你所说的，我们应该珍惜每天的生活、每个有缘相处的人、每段时光，这些东西放在当下可能普通寻常，但多年后回想时，总能令人心里泛起一丝温暖。诚心诚意对待生活，真心实意对待别人，你收获的不仅是友谊，还有内心的坦然和幸福。

二、心理学让你对很多事情有更深的思考

听你就大脑不同区域的分工及其对人的认知、学习、性格等的影响侃侃而谈，说实话，妈妈作为医学专业人士，不禁汗颜了。妈妈当初学习这些知识时，只是简单记忆并拿到一个不错的考试分数，你却能结合自身的成长体验和对小孩的观察来感悟这些知识。你旁征博引，叙述条理清晰，又紧贴生活，展现了你极丰富的知识储备和高水平的谈话技巧。

三、择业观

你说你对社会科学很感兴趣，但又觉得将其作为一门职业则不甚合适，你更愿意在起点高、难度大的领域奋斗，比如法律领域，这能让自己更有成就感。你这种想法非常理性，也是我们希望的，但是我们觉得你可以以更放松的心态面对这个问题，毕竟你现在的心理承受能力、知识储备和眼界都有限，对自己的了解也不全面。正如你说的，这个阶段应该好好学习，多看，多思考，待一切储备好后，很多东西就会水到渠成。

四、其他

你这次感冒持续时间较长，你觉得住家对你没有太多的问候和关心，反而是一位中国同学的妈妈在饮食、用药等方面都给了你很多关心，也提了很多意见。你还提到，小孩早上起来打闹，大人之间讲话也很大声，完全不考虑你还在睡觉。爸爸妈妈认为，美国住家对你还是很关心照顾的，但美国人更看重个人的独立性。自己的事情自己处理，自己决定，这可能是美国人的基本观点。既需要融入美国普通家庭的日常生活，也可对比不同文化背景下的普通家庭的生活、行为模式，增加体验，更好地理解世界、理解他人。

你这次感冒持续近一个月，究其原因，我们觉得你自己总结得特别好：从外部环境看，近段时间气候变化大，感冒高发；从自身看，因为室内外温差很大，你外出时没注意及时添衣服，在诊所等待就诊时，诊所的密闭空间也可能再次加重你的病情。我们建议你保证充足的睡眠，多饮水，每天摄入一定量的蔬果、蛋白质及主食，同时，良好的情绪可以帮助你的免疫系统更好地发挥防御作用。特别需要提醒的是，药物、保健品不能过量，不能因为希望快一点控制病情就不遵医嘱私自加量，或几种药混合使用，这可能会增加药物不良反应的概率。

爸爸，妈妈

---

这学期本来是要到马达加斯加参加ECS，但是由于需要打太多的疫苗，以及种种我如今已记不清的原因，我改成了在科罗拉多州本地的ECS。更换ECS的过程让我看见了学校行政机构的刻板：他们无法帮我争取退回费用，更没有尽力让我加入另一个更有吸引力的本地ECS。今年的ECS，我加入了一个名叫“作家训练营”的项目。我对这个项目不抱任何期待，ECS开始的那个周一早晨，我漫不经心地走进了教室，这也是隆戈

博士的教室。时隔两年多，当我再次走进这个熟悉又陌生的地方，坐在习惯的座位上时，亲切感油然而生。那天早上，隆戈博士和J-S女士为我们准备了不同的创意写作活动，例如，我们需要用一分钟的时间观赏一幅画作，接着将画盖上，尽力列出记住的细节，并和同伴一起创作一个故事或一首诗歌。下午，我们则有机会走出校园，到斯普林斯的一座美术馆。我们先一同参观了大部分展区，接着，隆戈博士要求我们独自选择一件艺术作品，花上一个多小时的时间，静静地坐在那件艺术品前写作。这样有仪式感的写作形式是我第一次尝试，坐在艺术馆暗淡的灯光下，凝视着那个被聚光灯照射着的艺术品，我心中充满了平静和敬畏。

接下来的一段时间，课程陆续请了不同领域与写作有关的嘉宾为我们分享他们的经历。让我记忆很深的嘉宾是一位CSS的校友。她大学的专业是文学，并且非常热爱诗歌。她分享的内容如今我已记不大清楚，但她在分享时表现出的对写作的热爱、对人文的热情，如一团火苗将我对文字的喜欢再次点燃。我想起自己小时候是多么热爱写作：吃午饭时常常满脑子装的都是写了一半的作文，匆匆吃完，我快步走回教室，专心致志回到我的书写世界中。后来随着学业压力越来越大，对理科的重视程度越来越深，我似乎已经忘记了当初那份热爱。但是，听这位嘉宾讲座的那一刻，我不仅记起了曾经对写作的热情，更充满了重新找回这份遗失美好的力量。另外让我感到新鲜的是一位编剧，他带领我们分析广告和电影，并从其中的事件、人物和传递的信息让我们理解写作和媒体的有机融合。最后，让我探寻到新方向的是一位前报社记者。除了记者的身份之外，她还是出版过十四部书的作家。她向我们介绍了出版的整个过程，并鼓励我们向当地报社投稿。在此次的ECS的项目中，我撰写了一篇关于中国留学生的文章，以增加当地人对这个群体的了解。抱着试一试的心态，我发邮件给这位嘉宾，希望得到一些建议或引荐。没想到，她非常喜欢我的文章，并且将它发给了《独立日报》的一位编辑。经过几番邮件往来，大约一个月后，我惊喜地发现我的文章及我的大幅照片登上了《独立日报》专栏。隆戈博士和另外几位老师不约而同地自豪地拿着印有我文章的报纸在我们的顾问小组向同学展示，那时，我感受到了被认可的喜悦。

我意识到，定位自己的热爱，勇敢尝试，不放过身边任何可能的资源……或许会有不一样的收获。在晚上的全校ECS分享会中，我站在台上，向台下的家长和同学讲述了我有关写作的心路历程。分享会结束后，我尽力挤出拥挤的礼堂，途中被好几位陌生家长拦住，他们纷纷称赞我刚才的讲话。这个丝毫不被我看好的ECS，成了我写作的新起点。这将近一个月的时间，若问我学到了什么具体的写作技巧，答案或许是模糊的，但这次研讨会却让我看到了写作更多样的表现形式，认识了在这个领域闪闪发光的人们，并重新找回了对写作的热爱。经过这几年在CSS的学习，我慢慢放下了急于求成和功利的思想，越来越认同这种循序渐进、启发式的教学模式。爸爸妈妈也很为我这次的经历感到高兴：

写作ECS的形式类似于学习小组加上一些活动，其中包括邀请作家、诗人、记者和文学系的学生等分享他们对文学的态度和成长经历。你在他们的讲解中深深感受到他们发自内心对文学的热爱，尤其一位拥有文学博士学位的诗人说到自己小时候生长在一个非常不鼓励读书的社区，很小就开始工作，也像父母一样早早结婚生子，似乎会和自己的父辈一样生活一辈子。一个偶然机会他遇到一位人生导师，进入大学然后教书，发现自己在诗歌方面的天赋，由此有了一个不一样的人生。回想你在小学时，当老师布置作文，相比其他同学的不情愿，你反而很兴奋，很多次吃午饭吃得飞快，就是为了早点回到教室开始写作文，似乎不用多想，也没有去构思，提笔如有神助，洋洋洒洒一蹴而就，有时听老师在课堂上将你的作文作为范文朗读，你很有成就感！小学阶段你也读了很多书，很多都是挤出中午吃饭的时间读的，那是真真切切的喜欢。进了初中，由于学业加重，你对文学的兴趣慢慢被挤占，基本是应试性的写作，似乎完全忘记自己曾经多么热爱文学。美高十一年级参加的文学ECS活动又神奇地唤起了你内心对文学的热爱，你忍不住分享给ECS的老师，老师也特别高兴。我们每个人都在接受教育的过程中找到最好的自己，也许这就是教育给予我们的最大收获。

爸爸，妈妈

---

同往年一样，妈妈在春假时来到了科罗拉多州，我们请住家在一个非常有特色的德国餐厅吃过午餐后，霍利开车送我和妈妈前往我在丹佛租的一所公寓。在丹佛的这几天，我的记忆是一连串的、马不停蹄的。我在樱桃溪购物中心按照自己的时间和喜爱购物，我带着妈妈品尝平日和住家常去的餐厅的美食，当然我还记得我们在芝乐坊餐厅户外的餐桌上品尝草莓芝士蛋糕，乘着城市大巴穿梭在复古和现代相结合的第十六大街，走进莫莉·布朗的古老房子里，一边参观二十世纪的摆件，一边倾听这位坚毅女性鼓舞人心的故事……

返程的时候，我差点将书包遗落在丹佛车站的咖啡厅，妈妈在班车上请求司机不要开车，我则以百米冲刺的速度冲向咖啡厅取回书包。我们在天黑前返回了斯普林斯，回到了住家。那天晚餐，我无心和住家交谈，内心充满了不安。同妈妈回到我的小房间，关上房门，我止不住地哭，哭得很厉害。妈妈这样说：

妈妈明天就启程回国了。今年的春假之行，我们一起开展了一系列的活动，包括游丹佛、与住家相处、访校与老师交流。对我而言，这进一步增加了我对你在美高读书的了解；对你而言，有了妈妈的陪伴和理解，你和父母有了更多共同语言。

妈妈今年最大的体会是你的英文水平明显提高了，无论与住家交谈，还是旅途中的各种交流，你不仅全程无障碍，语音语调都很有腔调，更重要的是交流非常自然流畅。

与住家相处，尽管有这样那样的困扰，但你已经更加轻松自如，能够更好掌控自己的情绪。

另外，你可以很好地照顾自己了，不仅将自己的小屋收拾得井井有条，而且养成了很多良好的生活习惯。

关于你的学习，在我访校的过程中，几乎每一位老师都高度认可你的学习能力，甚至推荐你读充满挑战的AP历史，你可以在小组讨论中分享、展示自己的独立思考，包括一些抽象思维。

今天晚饭后我们俩坐在你的小屋谈话，你一下哽咽了，抽泣着，哭得稀里哗啦。那一刻我忽然感受到你内心那份对亲情的依恋，也感受到你日常生活中的委屈和外界各种声音带给你的烦恼。正如你说的，十七八岁正值青春期，大脑负责情绪的部位没有完全发育成熟，各种连接也没有完全正确建立，加上这个时期对很多事情很敏感，也缺乏人生历练，容易走极端。但对于你，因为有低龄留学的经历，这一切挑战反而让你有很强的行动力；只有开始行动，你才能改善你的学业及生活。于是你忙忙碌碌，希望不断提高学术水平，适应当地生活。通过努力，你做到了，可是你内心仍然缺乏安全感，有时会有担心甚至焦虑，这一切因某个触发点被激发。但大哭一场是一种有效的释放，眼泪的流淌，不仅带走你的委屈，还让你知道亲情永远是你内心最强大的支持。

妈妈很同意你关于今后在学校及住家生活的想法，最核心的原则是诚心诚意做人，大方自然行事。住家永远是住家，他们不可能感受你内心的感受，对他们而言，完成规定动作就可以了，你作为国际生，保持必要的礼节，相互有一定距离，又彼此尊重，可以让这种关系健康地持续。当然，在合适的时刻有适当的互动也是需要的。总之，可以像朋友一样相处，不必事事谨慎小心。关于学校生活，你确实需要更多地专注于学习，但同时也可以花点时间了解这所待了三年的古老高中和当地社区，还可以发展多方面的兴趣爱好，让自己的人生舞台更广阔，而不仅仅局限于学术上。最后，每件事情尽八分力，给自己留有余地，这样才不会让自己有过多压力。

好了，絮絮叨叨说了一堆话，看着你擦干眼泪继续在书桌前学习的背影，我看到你的成长、成熟。相信这份经历带给你更多的是对自己的认识和对未来的掌控感。

妈妈

是的，对于这段经历，我内心充满感恩。然而，情绪的波动及内心的不确定感也同样是无法忽视的挑战。这也许才是真正的成长。

这是妈妈返回中国后的第一周，今天我们在爷爷奶奶家和你视频。你春假有妈妈陪伴，又可以自由自在做自己喜欢做的事，感觉时间过得飞快，现在恢复正常的学习生活状态，需要独自面对一切，你虽然感觉有不适，稍微感到紧张，但你通过积极调整，恢复得不错。

你说你的性格属于偏完美型，对学习压力、人际交往、环境变化等，都会感到一定压力。我们觉得，这是你成长的最大体现，即对自己有明确的认知，并且知道如何正向调整。

今天还谈到你在美高留学期间对于住家态度的变化，非常有意思。刚到美国时在住家表现得小心翼翼，努力让自己成为住家希望的样子，结果思想的弦绷得过紧，忽视了心理上的伤害，你感到很累、不愉快；你慢慢成长成熟，语言能力也提高了不少，与住家相处时，你有了自己的判断和想法，因为有时会将与住家的相处跟与家人的相处作比较，所以难免流露出对住家的不满意，甚至抱怨；你现在正经历第三阶段的变化，更真实更大方地与住家相处，既不苛求也不害怕，并且能够以正向方式看待生活中的很多琐事，比如住家小弟弟的吵吵闹闹不会再让你烦心，反而觉得这是家的感觉。你如今也更愿意以实际行动发挥自己在住家的作用，比如积极和住家成员打招呼、分担家务事、与小弟弟更多互动等等。

爸爸，妈妈

剩余的几个月，生活如常，稳步向前，偶尔还有小惊喜。

每年五月左右，各个俱乐部、班级和学校会进行新一轮的竞选，或许因为学业任务太重，又或许因为少了点勇气，俱乐部和学校的竞选我都没参加。记得有一天我在日结中写下我的目标：大胆做想做的事情，不让自己后悔。因此，在随之而来的班级竞选中，我果断地参与竞选。虽然最后没有被选上，但我内心是开心的，因为我的思维方式从以前只关注眼前得失，转变为成长型的长远思维。我明白，很多事情，结果不是最重要的，甚至不是做这件事的目的，更多的是这件事为长远做铺垫。例如，有了这次迈出舒适区的勇气，下次面临类似情况时，我也不会轻易退缩，更具体的是，我进一步了解了美国学校的竞选，并可以为之后的竞选积累经验。

另外还有很多琐碎的惊喜值得被记录。课上课下，同学们开始向我请教问题，并与我探讨，被看见、被认可让我充满安全感和成就感；业余时间，我和同伴们坐在教学楼前的草坪上玩真心话大冒险；网球训练中，我获得了“最佳队友奖”的称号，从一开始抱怨队友水平差，到逐渐意识到：我们对事情的发展一开始会有一个预设，如果不符合期待，我们不免埋怨，但是，只要积极投入，为他人鼓劲，说不定会有一个意想不到的收获；在晨会上，按照惯例，我就孩子的语言学习做了一个十几分钟的公众演讲，得到了同学及老师的认可；选十二年级的课时，J-S女士特意坐过来，鼓励我选AP文学课，她告诉我：“以你的能力、决心，上这门课一定可以。”

在CSS学习之外，我开始利用空余时间写公众号文章，在持续表达和输出观点的过程中，我不仅找到了内心的平静，还帮助了许多对美高学习生活感兴趣的人进一步了解这个领域，这也让我更加坚定了创作此书的想法。此外，期末考试之后，霍利还带我到丹佛欣赏一出百老汇音乐剧——《女巫前传》。那晚寒风瑟瑟，我、霍利、霍利的一位朋友及其金发碧眼的可爱女儿克莉丝汀在市中心的一家餐厅用餐后，便赶往剧院看演出。第二天，丹带着两个弟弟来丹佛与我们汇合。我和两个弟弟、克莉丝汀在儿童博物馆玩巨型泡泡，在海洋餐厅一边看头顶和四周各类悠闲游动的鱼，一边用餐，在水族馆拍照留念……充满童趣，令人难忘。住家发生的变故导致了家庭氛围的改变，我曾有想要离开的念头，甚至与M-P女士、霍利进行了正式谈话，谢谢霍利最终尽力将我留了下来，我也因此明白：一段关系持续的基础不仅是稳定，更多是在发生改变时，仍然选择彼此信任、相互理解。

十一年级就在这些感悟中画上句号，生活很平淡，但也充满无限精彩，这一切，我始终充满感恩。

「每天发生的事情很琐碎，它们就像一个个没有规律的小点。但是，当把每个点连在一起时，呈现出的则是一条耐人寻味的生命线。」

第四部分

# 理解更多

「十二年级」

「有一些变化，是从量变到质变的；有一些变化，是你猛然间察觉的；有一些变化，是可以二次塑造你的。这几年在美国的生活，让我慢慢变成了自己喜欢的模样，同时更全面地认识了自己，认识了身处的这个世界。」

当我写到十二年级时，我的思绪和情感如同经历了一次漫长又快速的光年之旅：我再次经历了曾经那些不经意的小事情，再次体会了曾经那些值得被记住的大事件，再次感受了那时那刻的内心起伏……然而，写作的过程却又让我可以带着超越于那时的另一份认知和视野。十二年级，终于写到了在美高的最后一年，这一年的关键词是：砥砺前行。

我回到美国的时候是八月下旬，科罗拉多州的夏天晴空万里，非常炎热。刚到住家的那天晚上，我再次无法入睡，再次凌晨清醒，强烈的情感冲击和情绪波动伴随着我。我戴上蓝牙耳机，打开播客继续听米歇尔·奥巴马的《成为》。当我听到米歇尔告诉那些少数族裔学生，那些还没有自己定义自己就被别人的刻板印象定义的学生，他们需要加倍努力来冲破这种刻板印象时，很受触动。在那个无比安静的黑夜，在情绪不断起伏的状态下，我很容易联想到自己的处境：我时常被美国老师或者同学自以为是地贴上标签，或在他们没有真正了解我的挑战和需求时就强加给我他们认为正确的任务。我在想，需要多长的时间和多少的努力才能够冲破这一切？耳机中的声音持续传来，米歇尔的另一句话似乎回答了我的疑问：在白宫菜园中的蔬菜“经历了暴风雪、倾盆大雨，甚至破坏力极强的冰雹”，也不知道最后会不会有结果，但是她相信只要辛勤耕种，它们都会顽强地挺过来，总会有结果的 。我听着听着，眼泪顺着眼角在脸颊上肆意流淌，最后一滴滴落在被子上，再然后，我睡着了。不得不承认，到美国以后我哭得更频繁了，而哭的原因却是从对当下某件事情的委屈或不满转变成了一种对更加深刻问题的思考及反馈——眼泪帮助我释放压力、表达情绪并让我再次获得前行的力量。

在美国的这段经历，让我提前感受到自己独自面对这个社会和具体的生活所带来的压力甚至无助感，同时也给了我更多的空间在相对友善和包容的环境下一点点探索、试错和成长。我又想到《成为》中米歇尔说到的一件事情。她入住白宫以来的八年中，到任何地方都需要向特工处汇报。从米歇尔的个人角度看，她完全没有个人自由可言，这便是作为第一家庭的不可承受之重。然而她又提到，与此同时，由于这一层身份，她可以接触更多的人，做更多影响社会的事情。我想，虽然这样的类比不太恰当，但是在国外读书也有这样的矛盾：我拥有许多别人没有的机会和经历，但同时也面对着他人无法理解的困境。

---

这个学期，或许是随着我的压力增大，又或许是随着我和住家的关系从一开始小心维护、考虑对方的情绪，到太熟悉之后难免产生的“应该”思维，我对住家的很多行为多多少少感到了不满。这种感觉就像是你和父母相处久之后，相互总有看不顺眼或者无法容忍对方的地方。但是区别在于，在美国的住家中，面对类似的问题，我需要去面对并解决它们的心理成本更高，双方的沟通也不是建立在完全平等的基础上。

这个学期，霍利要求我下午四点必须准时到达上车地点，因为我们需要驱车三十多分钟带着诺亚到诊疗室做有关“注意力缺陷多动障碍”的心理咨询和治疗。在他一个多小时的治疗过程中，我和霍利则在车中等待。在工作日“浪费”将近两个多小时的时间让我非常不满意，因为这无形中增加了我由于时间被无谓压缩而产生的压力。我在准备和霍利沟通之前想了许多的解决方案，例如请霍利将我先放到诊疗室一旁的咖啡厅，结束后再接我回去，又或者与国际生老师沟通，询问是否有同住喷泉市的同学可以周四让我搭车回去，再或者丹是否可以下班后单独来接我……我将这些提议在大脑中一遍遍地斟酌，急迫但又胆怯去与住家沟通。是的，这些问题我需要解决，但我也害怕与美国的家庭起冲突。

更令我意想不到的事情是，诺亚不仅仅在周四下午有安排，周三下午同样需要四点准时离开学校到一个辅导老师那里补习。霍利通常将诺亚送到补习老师那里后，才会开车送利亚姆和我回家，虽然这个补习地点离住家相对比较近，然而一来一回在路上的时间，加上霍利每次与老师交流的时间，合起来远比预计的多。

有时我在想：我是不是过于关注自我？对时间过于斤斤计较？我甚至尝试换不同的思路看待这些改变可能带来的好处。可是，我心中仍然无法释怀。我曾尽力理解他们，并在力所能及处做出妥协，然而，升入高年级后，我也渐渐认为，作为国际生，我们也有权利在一些相对有争议的事情上向住家表达自己的意见，而非一味委曲求全。经过与霍利简短、清晰但不过于正式和严肃的沟通后，事情得到了回应和解决：每周三和每周四，丹负责下班后接我与利亚姆直接回家。

当然，在这件事情之后，住家也发生了一些变化，而这些变化于我而言是负面的。我发现，霍利在车上很少与我同往日那样聊天，而是选择长时间同她的父母或丹打电话；晚餐的口感变得越来越差，甚至有的时候分量明显不足；晚上霍利和丹不再在客厅看电视，而是关上房门在卧室中看，八点过，整个房子便黑漆漆、静悄悄的了；丹和霍利、两个小弟弟在房子中极为吵闹，一点也不顾及正在做作业的我……对于这些改变，我选择沉默并不断做好自我调整。因为我要将“请求”券留在更影响我的大问题上。在这种时候，我常常有意无意地将美国的住家与国内的家庭进行对比，结论是：无论在哪都会遇到不同的困扰，或许只是问题不一样、解决的方式方法存在差异而已，绝没有一个确定的答案可以证明在哪里一定是最好的。我们更应该做的是在不同的环境和处境下锻炼自己解决问题的思维方式、与人沟通的能力并时刻保持良好的心态。

成年人的世界虽然有压力，有崩溃的瞬间，但也有让我感到生活可爱的时刻。我喜欢老师或者同伴给我的温暖拥抱，我喜欢J-S女士作为神秘圣诞老人送我的毛毯和贺卡，我喜欢为了更专注地备考到阿尔女士的家中一个人学习和晚餐的时光，我喜欢离职的泰勒女士意外出现在CSS时带给我的惊喜，我喜欢听利亚姆的宠物小仓鼠夜晚在笼子中发出的“咔咔”声，我喜欢住在我们学校树林中的熊爸爸、熊妈妈和熊宝宝一家子，我喜欢丹和男孩们在我关着门学习的时候在门口放的那只巨型毛绒树懒先生，我还喜欢别人提及看过我在《独立日报》发表的文章引发的感想……伴随着这些讨厌和喜欢、焦虑和踏实，生活就这样一日日地用“坎坷”和“惊喜”紧紧地包裹着我。

---

在走出自己的一亩三分地方面，这个学期的前半段，我好像缺少了九年级刚来时那股无知者无畏的冲劲，十年级因自信与被认可而拥有的迈出舒适区的勇气，以及十一年级可以很好平衡学习和生活的能力。这段时间，我拒绝了很多的社交机会，我有时将自己包裹得太严实了。

刚开学，因为对大型社交活动的排斥，高中部举办的山地旅行我没有参加。记得活动当天，一大早，我便将短信编辑好发给霍利，向她说明原因并希望她可以帮我请一次假，但迟迟未收到回复。早上七点过，霍利上楼敲打我的房门，九点过五分，她打电话告诉我，M-P女士将要过来接我一同去。大约一个多小时后，我的手机再次响起，M-P女士给我打来电话，她极力说服我去山地旅行，同时非常有技巧地对我说："你不用着急拒绝我，思考五分钟之后给我回电话。"六分钟后，我忐忑地拨通她的号码并告诉她我坚持不去的选择，令我惊讶的是，她竟然立马同意了。山地旅行结束后，我回学校上课，经过国际生老师佩蒂特女士的办公室时，我被她叫住了，她说："戈雅蒂女士（现任初高中部校长）有话对你说。"我同她一起走进戈雅蒂女士的办公室。戈雅蒂女士严肃地看向我，表达了她对于我没有参加山地旅行的不满，并且希望我之后可以迈出自己的舒适区。在美国的私立高中，老师对每个学生的关注度都非常高，对每一个学生的情况，老师之间有着紧密的交流。他们不仅关注学生学术上的成就，更关注学生性格的发展。这次没有参加山地旅行除了因其所营造的高强度社交氛围会让我感到不适外，还因我要准备即将到来的SAT考试。我理解住家和老师希望我能够更好融入集体的愿望，但他们将原因简单归为我"不愿意迈出舒适圈"的想法却是我不认同的。无论如何，我非常感谢住家和老师对我的密切关注以及希望我变得更好的期望。即使他们在某些事情上对我了解不够全面，但是他们对教育的初心、对每个学生的关注的确可以帮助我们更好地成长。

除此之外，在接下来的一段时间，我仍然选择停留在自己的舒适状态。丹作为刚晋升的美国陆军少校，可以带着家人们一同观看空军基地一年一度的飞行表演，但因这次表演结束后到家的时间会很晚，我没有去。我当时只是在想这一天是否会高效，却没有意识到任何的选择都要付出代价，而我们作为理性的人更应该选择那些更稀缺的机会。感恩节时，霍利和两个男孩到霍利的家乡肯塔基州过节，我也没有去。再一次，在一个机会面前我选择停留在自己更能掌控的区域。这段时间，或许是因为习惯了美国的学习生活，又或许是习惯了自己在这套生活体系下构建起来的熟悉的节奏和环境，这反倒让我将自己包裹起来，不愿意打破常规去做不同的尝试。所以，在相对熟悉的环境中，我们应该不断地提醒自己，并且鼓励自己打破现有状态。

我虽然拒绝了很多，但也尝试了很多，比如尝试更多地了解身边的这个社区和这里的人们。我报名参加了斯普林斯市的龙舟节志愿者活动，在比赛前一天和一群有着不同文化背景、不同年龄的人一起搬运木材为龙舟节做准备；我还到同班同学家中与他们一起在黄昏下在白色的裤子上涂鸦，做专属于我们十二年级的班服；我还在学校开放日帮忙，为前来参观CSS的同学及家长准备甜品和游戏……那些故步自封自然是需要被改进，但不断调整的态度同样也值得被鼓励。

这个学期的学术世界对我而言如同一个全新的天地，而对我影响最大的一定是AP比较政府和政治。我已记不清一开始为什么选择这门课，更记不清是怎样的勇气让我选择了上课天马行空、条理略显杂乱的本森先生的课；但是我选择了，并且对我之后的专业选择、职业方向，以及自我定位都产生了与AP心理学同等，甚至更多的影响。

在走进这门课程的教室前，我不知道比较政府和政治学的具体是什么，对这个学科感到无比陌生。但是，随着周一到周五每天九十分钟课程的累积，我了解了它，更对它产生了兴趣。

我们的课程从英国的议会制讲起，再到俄罗斯的半总统制、伊朗的半总统神权制、墨西哥的总统制，最后再到尼日利亚的总统制。我们以各国的政治制度为着眼点，从历史、社会和经济等多个维度去分析和探索。通过对课程的学习，我对不同国家的理解有了前所未有的深度，我的好奇心也被充分地激发。美国的政治科学课程与国内大部分的政治课不同，虽然不难看出美国在研究政治问题的时候也会带有价值观的滤镜，但是，总体来说，美国的政治课更多是分析和探索，而不是死记硬背或做思想教育。

在找到一套适合自己的学习方法后，我反倒非常喜欢本森先生天马行空的课程设计。在说到英国的时候，他向我们分享他与一位旅途中认识的英国人激烈辩论议会制更好还是总统制更好的场景，还组织我们参加了以议会辩论为基础的关于英国脱欧的模拟联合国比赛。会议室内，来自不同学校的高中生聚在一起进行思想的碰撞。在说到俄罗斯时，本森先生请来了一位来自塞尔维亚的社会活动家——波波维奇，讲述他推翻塞尔维亚独裁政府的经历以及之后创建以非暴力解决社会问题为核心的组织的故事。当课程进入伊朗板块，我们以伊朗1979年的革命为原型，在高中部的走廊中开展了一次微型的“游行示威”。在关于墨西哥的课程中，本森先生让我们阅读《消失的边界》一书，并开了一个读书分享会。最后在尼日利亚板块，本森先生向我们分享了他在非洲的各种有趣、感动和令人难忘的经历，同时以另一本书《大草原上的蚯蚓》为切入点，将我们对非洲模糊而笼统的印象打破。在一年的课程中，通过比较政府和政治的学习，让我看到这个学科对不同国家体系和其社会问题探索的开放性，同时让我深刻体会到AP课程的价值。就如在选课时老师说的：“学习AP课程是一种探索并发掘自己兴趣点的方式，你的目的不是在简历上展示多少门AP课程，而是找到自己的学术方向。”

学术上积极有效的沟通也让我收获不少。文学课上，我自以为参与度不错，但是第一周结束后得到的参与分却是8/10。我不再像九年级那样一根筋地盯着分数，希望老师可以更改，而是以沟通和倾听的方式向文学课老师了解他的期望及对我的建议。在之后几周的文学课中，我的参与分几乎都在9/10或10/10。这样的沟通方式一方面可以让老师意识到我对课程的重视，使得他能够在课堂中注意到我，另一方面不纠结于某一次分数，反倒可以让我在这个过程中不断进步。

另一个有关沟通的事情发生在学校的乐队。这个学期虽然整体的学术压力是完全可控的，但是夹杂着大学申请和标准化考试的压力，我希望退出这样一个几乎每天都会占用四十五分钟的乐队。然而，乐队的老师并没有同意，而是与我进行了一次很真诚的谈话。他对我说：“你应该相信我可以帮助你在不放弃乐队的情况下很好地应对这一年中的各种压力。”接着，他鼓励我，“从钢琴转向长笛是一件不容易的事情，既然你跨出了这一步，就不要轻易放弃。”同时他也从大学申请和社交两个角度向我阐释了乐队的优势，但真正打动我的是最后他写在白板上的一句话——如何获得信任？做正确的事情，为正确的理由，持续很长的时间。最终我决定留在乐队，我想为将近四年的乐队生涯画上一个完满的句号。

当然，学术之外也有诗和远方。十一月底的感恩节，我本以为大部分时间都会独自在住家度过，没想到在加州的朋友竟然专程到科罗拉多州看望我。我带着他们走访了我的学校，参观了科罗拉多州许多著名的景点，例如众神花园、红岩剧场、美国空军学院……

爸爸妈妈一如既往给我写了一封信。

**今年感恩节，加州的朋友一家专门坐飞机到你所在的科罗**

拉多州与你一起度假，你们一起参观了当地最著名的几个景点，其中有众神的花园、空军基地及红岩剧场，并在最负盛名的韦尔滑雪场滑雪；一起购物，做中国菜，外出进餐，你也尽己所能在旅途中和他们一起打理入住事宜，大大方方带领他们参观住家和学校。这两天你过得既充实又愉快。你之前担忧身体不舒服会影响这次活动，结果因为太投入活动，根本无暇想太多。由此我们可以获得一个经验，放松和平常心是帮助身体恢复的有效方式。

爸爸，妈妈

---

大学申请是十二年级最关键的话题。我的大学申请过程，与许多有相似经历的同学相比，是相对轻松的。

CSS绝大部分的学生都是美国人，不论是学科老师还是大学申请顾问，向我们传递的信息似乎都是：标准化考试一点也不重要。兴许是因为自带中国学生骨子里重视考试的特质，我差不多从十一年级就开始备考SAT。然而，又受我们老师的影响，我对SAT既没有投入太多的时间和精力，也感受不到丝毫的备考压力。就这样到了十二年级，我的标准化考试成绩仍然达不到预期。在真正去考虑具体的学校、递交申请的时候，我才意识到SAT或许会成为我申请大学的一个劣势。

再来说另一个重要的标准化考试——托福。理论上，我在美国四年的高中经历可以让我免去托福分数的要求，然而由于我申请的部分学校对托福分数仍然有要求，我在没有任何准备的情况下，在十一年级参加了一次托福考试。接着为了满足我申请的其中一所学校对单项的要求，十二年级我做了简单的备考，又参加了一次托福考试。最后虽然分数不错，但是整个备考都不充分，考试也被各种因素干扰。对于干扰因素，我想与大家分享一二。记得第二次托福考试的前一天，因为一些特殊的事情，我与住家爸爸妈妈在国际生老师佩蒂特女士的办公室发生了三年多以来的第一次争执：住家妈妈哭了，住家爸爸眼眶很红，我也哭得很厉害。带着如此复杂的情绪，第二天我走进了考场。我被监考老师分配到一间与前台临近的单人间，整个考试过程中，我可以清晰地听到前台断断续续的谈话声；更意想不到的是，在听力板块，声源竟然出现了卡顿。在如此多的内外干扰下，我结束了托福考试。

如果你认为标准化考试是我唯一没有充分准备的地方，那你就错了。选择大学，我也有些仓促。十一年级时，我便与爸爸妈妈商定，选择到香港读大学，攻读法律和人文双学位。之所以做出这个决定，一是因为我不想继续独自在异国求学，希望回到一个离家更近的地方完成大学学业；二是因为在爸爸潜移默化的影响下，我非常确定我将选择法学专业，与美国相比，香港的法学学位获取的时间更短，并且涵盖的知识体系相对更全面。我们当时希望美高的经历能成为一个非常好的跳板，回到香港上大学，最后在国内工作。这样的安排似乎充分、合理，然而，一切都在悄然变化着。

2019年3月，香港的时局开始不稳定，这不得不让我慎重考虑申请到香港读书的决定。与此同时，我与同时期申请大学的留学生交流，我逐渐意识到这样的单一选择可能面临风险：我不仅看到了大学录取结果的不确定性和残酷，也注意到大部分人选择的多样和全面。最后，在香港读大学的学生也帮助我了解了香港的教学模式和教学质量，与我理想的状态相去甚远。在美国的时间久了，我好像已经很适应和喜欢这里的课堂、老师和生活。在这么多因素的综合影响下，我在申请季即将来临前临时决定加入美国的大学，为了保险起见，还申请了澳大利亚、法国和新加坡的学校。所有这些重要的决定，几乎都是在最后一刻做出的，一切都显得那样仓促。

在美国选择大学是需要智慧的一门功课。从US News综合大学排名、US News文理学院排名、泰晤士世界大学排名到QS世界大学排名……各类榜单让人目不暇接。由于我SAT的分数不是特别理想，而身边大多数中国人都一再向我强调标化考试的重要性，我没敢选择私立常青藤大学。加之身边人对美国综合性大学的偏见，促使我申请的大部分大学都是同我的高中类似的小而精的文理学院。就这样，因为自己的不自信，以及各种声音的影响，我做的选择已经失去了独立判断。大文书、小文书、简历、推荐信和面试等等的堆积，以及整个申请过程中随时出现的需要紧急处理的大小状况，让我在十一月（香港的大学的截止日期）、十二月（加州大学的截止日期）和一月（美国其它大学的截止日期）的压力值居高不下。但是，我非常感谢一直陪伴我的人，不论是每天在车上向霍利倾诉我的困惑，还是在自习区与好友林登聊一聊压力，又或是老师长辈给我的帮助和中肯建议，都让我在面对压力和不确定性的几个月中感受到了被关心和被支持。

整个申请过程虽然充斥着忙乱，但是回看过程，我仍觉得有许多可供参考的地方。首先，高中四年我的GPA非常高，课程比较有挑战，并且这四年的成绩呈现的是逐步上升的趋势。在美国大学开始思考取消标准化考试，更加注重一个人的长期表现及成长型发展的背景下，我的学校成绩单显得格外重要。大学可以从我递交的高中四年的成绩单中看出我愿意持续发力的态度及具有的潜力和探索精神。

第二，我没有和大多数同学一样选择一名文科老师、一名理科老师为我写推荐信以展示自己学术上的全面性，而是选择了J-S女士和泰勒女士——两位对我影响最大、对我最了解、文笔很好的文科和社科老师写推荐信。一开始我没有意识到推荐信的力量（注：因为老师的推荐信写好后是密封上传，所以我们看不到），直到我看到录取我的其中一所文理学院在录取信上手写的一句话："当你的一个推荐人告诉我们，你'展现出了令人印象深刻的勇气和决心，拥有成长型思维，并且这些品质会为你今后的发展持续助力'我们就知道你非常适合这所大学。"我发现，老师为我写的充满真诚和细节的推荐信为我申请大学提供了不少帮助。需要注意的是，在美国，当地高中老师的推荐信，其可信度在招生官眼中很高，因为老师总会抱着实事求是的态度写推荐信——他们不会过分夸大或者贬低你。正如其中一位老师在班上对我们说的："你让我写推荐信可以，但你也要做好我给你写的推荐信提到你的问题并且无法夸大你的优势的准备，因为如果我给你夸大其词，便是对其他比你优秀的同学的不公平。"所以，每日在学校的优秀表现及长年累月在老师心目中的好印象，才可以帮助自己收获一封打动招生官的推荐信。当然，将自己申请的想法、简历等发给写推荐信的老师参考也是必要的，因为这可以在短期内帮助老师更好地聚焦推荐主题。

第三，CSS虽然在标准化考试和大学申请的准备上没有为学生提供非常好的帮助，但是它的教学理念和与之匹配的学术活动让我在没有刻意参与过多活动的前提下，课外活动仍然有亮点。除了各类小活动以外，CSS每年三月举行的以学术为中心的研讨会ECS让我的简历增色不少。不论是参与以法律为主题的ECS，还是到秘鲁做的教育不平等研究的ECS，或是在写作营中收获不同认知的ECS，都会让招生官感到耳目一新。这些项目不仅有活动内容，更有我独立完成的项目和学校官方给出的分数等级。我想，在招生官看来这样的活动更加真实、完整。

第四，我递交的所有申请资料，基本做到了相互佐证、相互补充最后再同时指向一个相对清晰的个人定位。例如，在简历中，我只用简短的一两句话呈现我所参与过的一个活动，而在文书中，招生官可以通过我更细节的文字描写，感受到我对那一类活动的热情和持续性。在我的学校成绩单中，课程的选择又从另一个侧面验证了我对那一类活动的兴趣和投入……在所有申请材料相互关联的前提下，我同时也在思考我是怎样的一个人，对什么有强烈的好奇心和可为之坚持的热情，这帮助我将这些思考融入申请材料，并将原本零碎的点勾勒成了一个明晰图像。这样的顶层设计可以帮助招生官更好地判断申请人的特质：人生经历是否多样？是否坚持做一件事情？面对困难和挑战时是否有韧劲？是否真实？是否在意身边更多的人、社区和周遭的世界？需要注意的是，虽然要呈现的点非常多，写作手法也很多样，但是写作逻辑清晰、节奏紧凑、语言风格突出也是非常重要的。

关于申请材料，上文用到了“设计”一词，我觉得不甚准确、恰当，我想在这里澄清一下。很多人会误以为，经过短时间的“包装”，自己可以立马提升几个档次，从而得到招生官的青睐，但是在这里我想要明确地说：这种想法是天真而且错误的。的确，你可以在短时间内参加一两个看上去非常不错的活动，并将其写在简历上，但这种单一的呈现通常是没有效果的。正如我上文所说，资料间的相互补充和印证才可以让招生官信服。要做到这一点，需要长时间的积累、探索。或许你又会说，在文书部分更好地“包装”自己不行吗？我的回答再一次是：不行！除去材料间相互印证这一点，还有一个原因也很重要。套用模板或给自己立“人设”，不仅会被招生官一眼识破，还会显得没有诚意。文书虽然可以经过无数次的修改，但是其中传递的思想、价值观是必须通过多年的不断思考和经历才可以形成的。

接下来，我想谈谈面试。美国大部分学校都不会安排线上正式的面试，他们大多选择和你在同一个城市的校友与你进行一个较为轻松的交流。中国香港和法国的大学则会有面试官与你进行严肃的线上面试。

我想先分享几点我参加面试的实用经验。

在面试之前，不仅要及时、正式回复面试官发给你的邮件，还要为面试做足充分的准备。例如，可以通过网络了解面试官的个人信息，可以针对所申请的学校和专业做相应的功课，可以针对常见的面试问题分门别类模拟回答以理清思路。我有一个非常喜欢的小技巧，即将自己希望在短时间内呈现给面试官的特质列出来，在与面试官交谈的过程中尝试将其穿插进回答并准确传递出去。例如，我想要传递对写作的热爱，那我会在备忘录上写上关键词“写作”。当面试官问到一个与写作相关的问题，例如“你业余时间喜欢做什么？”时，我便可以讲述我的写作经历及它对我的影响。除了内容上的准备，其他方面的准备也不容忽视。例如检查自己的社交媒体账号，确保上面没有你不希望呈现的内容；需要注意的是脸书之类的社交媒体有关联功能，所以一定要确保取消你不喜欢的但却关联到你账号上的动态。同时，你还需要提前准备好申请材料和一套商务休闲装。最后，面试结束后，你还要向面试官口头和用文字及时表达感谢。

再来说说不同类型面试的特点。与一位美国校友面试时，我们将地点约在了一家咖啡厅。整个聊天氛围非常轻松，我们不仅仅有较为官方的问答，还相互分享了各自的有趣经历。没想到，一场面试，我们竟然聊了两个多小时。他对我的印象非常好，我们也建立了更进一步的联系。我深刻体会到，想要通过短时间背诵面试问题答案以赢得面试是非常不可取的。从我的这一次面试经历就能看出，最真实的语言表达、思想内核和沟通习惯才是推动面试取得成功的基础。对于线上更为正式的面试，面试官的问题严肃甚至犀利。我申请的一所法国大学的面试，两位面试官在视频那头，不仅针对我的简历做了深入提问，还提出了许多深刻且有争议的社会、政治等话题让我阐述。参加这样的面试，长期以来的学术积累就显得极为重要。

说了这么多的方法，你或许会问：既然所有的内容都无法“设计”和“包装”，难道申请季就没有任何可以提升的空间吗？肯定不是的。虽然所有的事情都建立在持续努力的基础上，但是申请季既然存在，就有它独特的价值。在申请季短短的几个月里，虽然我们不能把自己改头换面，但是在这样一个时期，我们可以通过梳理自己，将从前散乱的点串成一条清晰的线。换句话说，虽然微观层面我们无从发力，但是顶层设计上，我们可以利用申请季的时间，找到一个好的切入口，将自己过去零碎的经历组织起来。当然，将文书内容写得生动有细节，并巧妙嵌入你的优势和独特之处，也是在申请季需要时间打磨的一项工作。

我们有时错误地将大学申请当作高中的目的，但从我的经历来看，我认为，大学申请更重要的是过程。在这几个月的时间里，我有机会将过去几年的经历、想法和成长进行比较系统的回顾和思考。我不仅更加全面地认识了自己，还逐渐明确了自己感兴趣的领域并为大学的专业方向打下了基础。我也更加感谢这几年在CSS接受的教育。虽然一开始有很多的不满意，但当我对自己的经历进行阶段性的再回顾，我发现，我们学校希望培养我们“用领导力、创造力、解决问题的能力和正直面对这样一个动态世界”的理念，通过每一位老师与我的交流、每一节课、每一次活动，已经嵌入我的血液，并帮助我脚踏实地走出了我独一无二的人生道路。

---

我用一个较长的篇幅将十二年级上学期一直到十二年级下学期的大学申请经历写完，为的是给大家梳理一个更加完整、清晰的脉络，然而到这里，十二年级上学期还没有结束。

在美国的医疗系统面前，我再一次感到受挫。一个周五的早上，我戴上了购置很久但一直没有决心戴的隐形眼镜。然而当我坐在教室里看屏幕，我却感到整体的视觉效果不是非常清晰。我尝试将隐形眼镜取下来，但一直没有成功。我跑到佩蒂特女士的办公室，问她在美国什么地方可以帮助我取下隐形眼镜，并提到我打算请霍利在我们放学后带我去。让我有点委屈的是，佩蒂特女士只是面无表情地对我说：“你不应该让霍利放学后就带你去，你知道的，今天是诺亚的生日。”接着，她补充道，“你可以自己回家后看看油管的视频，学着取下来，实在不行等诺亚和利亚姆上床休息后，再请霍利带你到急诊取。”我理解佩蒂特女士给出的理由，但对于她如此没有同理心的表述我心里既愤怒又难过。我走出她的办公室，给霍利发了一条短信并简要说明情况。与刚才佩蒂特女士的话形成鲜明对比，霍利很快回复了我并准备带我放学后就去眼镜店。

我们开车到了山姆俱乐部，走进一家眼镜店打算请验光师帮我取下来。然而我们得到的回复是：验光师没有资格触碰我的眼睛，我们必须到医院请有资质的医生。我没有想到，在国内看来不起眼的一件小事情，在美国竟然需要去医院。我们到了医院，前台告诉我们挂号费为九十五美金。虽然这个价格让人不大能接受，但我也只能付费。走进诊室，一位身穿白大褂的眼科大夫拿着一些小器材，很快帮助我将隐形眼镜取了下来，并告诉我因为这款隐形眼镜的透气性不是很好，才导致不容易取出。让我感到些许安慰的是，这位医生说只用收取我三十八美元就好。接着，我们开车来到诺亚过生日的餐厅，时间刚刚好，我紧张的心情终于缓和下来。

还有一件小事同样让我产生无力感。这个学期结束时，霍利请M-P女士送我到丹佛机场，我提前一天便到了M-P女士家。虽然我很喜欢这位性格随和的老师，也喜欢他们家宽敞舒适的软装，但是当那晚我只能蜷缩在她家地下室的一个不足身长三分之二的沙发上过夜，第二天凌晨起床赶飞机的时候，好像有一种委屈，更有一种自身太过渺小和无力的感受涌入心头。

我坐在飞机上，思绪纷然。在异国生活的我们时常感到一种无力感。我虽然尝试理解这种感受的来源，但始终无法理解在外在条件很不错的情况下这种感受怎么会产生。通过这件事情，以及之前发生过的种种事情，我好像理解了：在国外，当我们面对自己无法解决的问题，试图寻求外在的帮助时，假如外在的回应或现实情况与我们的预期产生落差，那么，无力感便会油然而生。

---

十二年级下学期，当我最后一次从中国返回科罗拉多州时，天气还很冷，房屋和车辆上堆满了厚厚的积雪。我喜欢这里的四季，它与我家乡的四季截然不同：春天，当我的家乡逐渐转暖，植物抽出新枝，潮湿的空气中夹杂着花香，斯普林斯仍然雪花飞舞；夏天，当我在家乡仍然可以在正午出门闲逛，斯普林斯的空中则是万里无云，阳光直直地烤着每一寸土地；秋天，当我的家乡梧桐和银杏叶变黄，伴随着阵阵大风洒落在大街小巷时，斯普林斯正处于昼夜相差几十度的气温下；到了冬天，我的家乡寒风瑟瑟，空气又冷又潮湿，斯普林斯仍然阳光充足，映射在白茫茫的积雪上。

我常常觉得出国的经历就好似在平行的时空中，让我经历了两种人生，收获着双重感动：从小生长在多雨的南方，从未想过可以生活在有着沙漠性气候但又常常积雪的中部；一直认为军队离我很遥远，从未想过认识并了解了军人家庭；独生子女的事实，让我从未想过我可以和两个如此可爱的弟弟每天生活在一起……

这个月末，我度过了一个简单但充满仪式感的十九岁生日，并惊喜收获了朋友们为我装饰的生日主题的储物柜，以及爸爸妈妈写来的信件。

今天是你19岁生日，爸爸妈妈祝你生日快乐！这于我们而言是一个特殊而重要的日子。今年对于你尤其有意义，因为你即将进入大学。进入大学对于一个人而言是一件神圣的事，它将开启智慧之门、情感之门、憧憬之门……相信你很期待，我们也为你高兴。在你即将迈入大学之际，爸爸妈妈与你分享几点感受。

一、更好认识自己

你现在不论在知识还是阅历方面都有了一定储备，也学会了一定的待人接物之道，但人生的道路需要不断地探索。与更多志同道合的同龄人深入交流，思想的碰撞会激起更多的思考；在大学参加活动，多元的价值观和文化冲击会带来不同的感受；慢慢你会更了解自己，找到自己的擅长点和兴趣点。我们坚信一个人如果能够发自内心喜欢并且不懈努力，一定能够有所成就并充满幸福感。

二、学会接受不完美的自己和别人

你从小就很要强，上学后更加看重自己在老师、同学眼中的印象，始终希望保持学习上的优势。这种性格特点可以让你成为一个非常自律和善于管理自己的人，爸爸妈妈也确实没有太多担心你的学业。但从另一方面讲，这也会让你过于关注分数，将自己局限于满足教育体制下最容易有满足感的成绩上，而忽略其他方面能力的培养，一旦学业成绩不能达到预期的设定目标，往往容易造成对自己的否定。同时由于自己属于成绩好的孩子，在与同学交往中不自主地要求别人也如自己一样，一旦不属于这个范畴，很容易将他/她排斥在自己的交往圈子外不予接受。经过美高四年的学习生活，我们感觉你从单一对分数的重视中跳出来，更多参与不同的活动比如运动、演讲、公益等并体会到快乐。每个人都是独一无二的，不用羡慕或看低别人，天生我才必有用！

三、养成良好的生活习惯，终身受益

你15岁开始就独自在异国他乡求学，其中的酸甜苦辣只有真正经历过才能充分体味：生病时身边没有亲人的照顾，想家时默默忍受，委屈时眼泪朝心里流，害怕时咬紧牙关坚持……生活就是这样神奇！不经历风雨，怎能见彩虹！正是有了独立生活的经历，你变成了“女汉子”，并且有了一整套的管理身体、调节情绪的方法，虽然有时还有一些波动，但与同龄人相比，你已经做得相当不错了！继续保持并适当调整，让自己做到真正的身心愉快！

四、保持一颗好奇心

永葆青春最好的办法就是保持对世界的好奇心！不轻易给自己设限，允许自己在探索中犯错并成长！广泛涉足地理、历史、天文、文学、音乐、数学、计算机、人工智能、美术、工程等领域，知识都是相通的！生活的美好和丰富源于你对它的热爱和好奇。

五、做一个平凡而不一样的自己

每个人都希望自己长大后可以有很大的成就！但这样的人少之又少，且需要时代造就，还要天时地利人和。更多的人则是通过自己的努力，在平凡的人生中获得幸福、快乐，享受生活和工作带来的乐趣，成为不一样的自己。所以我们既要在努力的时候勇往直前，又要在美好的时光中闲庭信步。

再次祝你生日快乐！

爸爸，妈妈

我还收到了M-P女士送的贺卡：

亲爱的CiCi，

祝一个非常特别的人生日快乐。你是一个迷人的年轻女性……一个安静的领导者、专注的学生以及体贴的人。谢谢你成为自己！

乔伊·M-P

十二年级接踵而至的机会和挑战，让我从曾经局限、封闭的美国小城市生活中得以窥探在日常生活以外更多的事和人，扩充了我对世界进一步的了解，同时帮助我确立未来的规划。

每一个即将毕业的十二年级学生，都需要自主深入探索一个领域，并在专业人士的指导下完成一个项目。一开始，我将主题锁定在社会学。经过不同人的引荐，我联系到了科罗拉多学院社会学和人类学系的亨辛格教授。我们约定了一个时间在我们学校的图书馆见面。那天下午，我们坐在一个安静的角落聊了很久，她向我讲述了我可能尝试的社会学研究实验，并将她可以帮到我的资源毫不吝啬地贡献出来。我一边提问，一边倾听，第一次深入了解了曾经只有模糊的概念但从未深究的社会学和人类学。

之后，鉴于交通的不便性，我将主题切换到了影视行业，这同样是我想要更进一步了解的领域。我不仅在引荐下与一位资深的独立制片人约了电话会议，了解了影视的生产流程和行业信息，也在我们学校内部找到了我的导师：招生办负责宣传的亨特。入学这么多年以来我第一次走进招生办公室和总校长办公室，与亨特讨论我的项目和想法。在之后的制作环节中，我还得到了在十一年级写作ECS中认识的编剧汤普森先生很多建设性的建议。在这个过程中，通过自主的思考，以及与不同背景的专业人士的交流，我从校园的学术状态下向前迈出一步，开阔了视野和格局。

除此之外，大学申请的过程中也为我提供了很多打开眼界的机会。在街区的咖啡厅、城市的网红餐厅，我与不同年龄、不同社会地位、不同性格的毕业生分享自己的成长经历、学校生活和思考，同样也从他们的故事中了解到了我从未想过的人生选择。在挑选大学的过程中，我则与身边有相关经验的人展开了交谈。例如，在犹豫该选择法国一所大学的哪个校区时，我走进了法语老师的办公室。她一面兴奋地在一张法国地图上向我指指画画，一面同我分享着她在法国的经历。这件事情作为一个小切口，我与这位老师开始相互了解，更是通过她形象的语言和丰富的肢体动作，窥见了这个我不怎么熟悉的国家。

在我即将毕业的最后几个月中，在CSS工作了十几年的舒巴克校长决定离开，前往另一所高中担任校长，开启他人生的新征程；而我们学校随即也进入了招聘校长的阶段。我们每一个人都参与其中。专业的猎头公司到我们学校，我作为学生代表的一员与猎头讲述我们对于新校长的期望以及CSS的氛围。没过多久，几位校长候选人来到了学校。他们不仅在晨会上发表演说并接受学生们的各类提问，从最爱看什么书到对于CSS之后的发展规划，而且还穿梭在教学楼中与坐在那里自习或者午餐的学生交谈。最终，一位黑人女性成了我们的新校长，即将在我毕业后上任。这样的行政职务更换过程同样让我开了眼界，如此重要的事情，学生的参与度竟然可以这么高，并且对最后的决定影响这么大。教育不就是应该以学生为中心吗?

## 致谢信

这是我最后一次作为校长写信。为CSS服务13年是我的荣幸，这其中我有7年作为老师，另外6年作为校长。我的生命无数次地被这里的笑声、真挚的谈话以及学校的精神丰富。我感谢与我们的学生、老师和家长建立的深刻连接。我对支持了我23年的妻子——安娜·萨斯有特别的感谢。她对我们的孩子——25届的本以及亨利的付出使得我在CSS的工作变得可能，她的智慧与判断力使得我在每一个转折处都应对得当。

CSS的领导团队和董事会用他们的能力、视野和决心带领着这个学校，与这样优秀的团队共事是我的荣幸。皮奥·赫考特作为董事会的主席是一个优秀的领导者，他比任何人都理解CSS的文化和机遇。

谢谢你读完这篇冗长的信。让我们用最热烈的掌声邀请CSS的新任校长——坦比·泰勒女士。她将会在七月十五日正式述职。CSS的社群在她的带领下一定不会有错。

亲切的问候

亚伦·舒巴克

---

在如此多应接不暇的事情背后，仍然是一条平凡的生活长河，流淌着琐事。白天我的身体曾因为坐在丹那辆有些破旧拥挤的小轿车上感到不适，下午我曾因为霍利没有准时接我而耽

误补习时间有些生气，晚上我曾因为住家洗衣房轰隆的声音搅得无法休息而心烦意乱，周末我曾因为整个街区的断电有些手足无措……但是好像在如此平淡的日常中有什么改变在悄然发生着。是的，新冠疫情爆发了。

2019年12月左右，新冠疫情出现，适逢中国的“春运”，人口大规模流动。再之后，疫情在中国蔓延，随即武汉封城，大多数中国人一下子从看新闻的人变成了新闻中的人。人们在政府的号召下，公共场合戴医用口罩，尽量不出门；企业关门，学校停课。我每次打开微信，都可以看到朋友发的戴口罩、居家和个人防护等各类动态。作为留学生，我们可以比美国人更早、更直观地看到疫情的发展态势。

那时候，美国的高中刚开学没有多久，大家正常上学工作，很多美国人甚至都不知道新冠病毒。2020年一月底到二月初，“新冠”一词逐渐占据了美国的新闻，每天住家开车接送我时，新闻上通常是有关中国新冠疫情发展态势的报道以及对于中国经济形势的分析。我的同学、老师和住家会礼貌性地问我的家人如何，但是大家都并不把疫情放在心上，只是将它作为日常谈话的一个话题。

二月六日，美国政府停运了从中国飞来的航班。妈妈本来打算春假过来陪我一段时间，但是在视频的时候告诉我今年估计来不了了。不过，爸爸妈妈仍然认为这场疫情在三月左右会有一个转机，到时候是否可以飞到美国也未可知。

虽然美国这时候还没有暴发疫情，但是由于新冠病毒势不可挡的全球化趋势，我心里仍然比较担心，甚至想到疫情可能会在美国甚至全世界蔓延，所以我赶紧备下了几盒消毒棉片、消毒喷雾、免洗手液和医用口罩以防万一。

三月二日，我们学校照常举办了每年为期三周的ECS。我带着一丝紧张，更是一点期待，投入高中的最后一次ECS。我深知国际旅行在当前背景下有极大风险，我从原本计划的西班牙ECS中果断退出，再一次加入了一个本地的项目——人民的力量：我们如何改变世界？与此同时，学校校长和家长们仍然坚持让西班牙的ECS、加州的ECS、西雅图的ECS以及博内尔岛的ECS照常举行。

三月二日早上十一点，我们的ECS在J-S女士和本森先生的带领下从学校出发，前往一个叫“没有夏天的北欧”的雪山木屋。我坐在厢式货车的副驾驶，同开车的J-S女士一路聊天；虽然我与同车的同伴不太熟悉，但是我也找到了让自己舒适的社交方式。一个多小时后，我们到达了丹佛。本森先生将我们的手机统一存放，待三天后返回才归还。我们的车离喧嚣的城市越来越远，林立的高楼、来往的行人和穿梭的汽车渐渐消失，随之取代的是连绵的雪山、寂静的湖泊和茂密的树林；就连从小在科罗拉多州长大的老师同学都因这般景致感到又惊又喜。

下午时分，我们到达了位于半山腰的一个木头搭建的两层楼木屋。客厅中有一个需要不断添加木柴供暖的火炉，楼上楼下摆放着密密麻麻的简陋上下铺和单人床，房子里没有电灯、自来水和洗手间。

本森先生的朋友利昂作为户外运动专家及非营利机构的社会活动家加入了我们此次的活动。我们十几个人围坐在客厅，本森先生向我们解释了为什么我们的ECS有这样一个看似毫无关联的活动：我们的观点常被电视新闻或社交媒体影响和裹挟，他希望我们在这样一个与外界完全隔绝的僻静地方，重新再审视我们的政治。在利昂的带领下，我们开始了破冰游戏。其中一个游戏是让我们两两组合相互分享经历，而我恰巧同利昂一组；没有想到，我们的友谊便从此处开始。我惊讶地了解到，利昂竟然从小在北京长大，他和他的妹妹都能说一口流利的中文。利昂从明尼苏达大学毕业后再次回到中国，并在云南一家客栈工作了一段时间。这让我对利昂独特的个人经历产生了浓厚兴趣。

傍晚，J-S女士从一位文学老师变身为厨房中的美国老太太，为我们烹饪晚餐；本森先生则从高谈政治与各国离奇经历的长胡子老师变为准备餐盘的居家男人。此时已是日落时分，木屋内越来越暗；我们找出早已准备好的手电筒，照出木屋的轮廓。炉火中的木柴发着吱吱的声响，星星点点的火花跳出火炉，我们开始玩纸牌游戏。利昂一边整理着卡片，一边转头看向我用中文说道：“这个狼人杀你玩过吧？”我这才反应过来我们正要玩的是狼人杀。第一轮游戏中，每个人在尽力适应规则的同时，也表达着自己的观点试图影响更多的人，而我的分析同学们都很认同。我本以为这只是一个普通的纸牌游戏，但在复盘的环节，本森先生和利昂巧妙地将它与政治联系在一起：我们不仅由狼人杀映射了美国政坛两极分化的现象，还对媒体在政治中发挥的作用进行了讨论。

晚上九点，我们在木屋背后的雪地里简单洗漱完便早早休息。躺在二楼拥挤的阁楼中，我裹在丹借我的户外行军睡袋中保持着体温；我半夜多次醒来试图将窗户关严，但是只要有一点动静窗户便又被弹开。火炉中柴火的热气在阁楼封闭的空间中渐渐聚集，空气变得干燥而闷热。整个晚上，我们所有人无一例外都没有休息好。六点五十分，我们便起来了，在老师的带领下我们玩了一个关于跨文化交流和冲突的模拟游戏。接着J-S女士为我们读了一首关于仁慈和善良的诗歌，话音未落，她说到："我们要去改变世界，首先要清楚自己希望世界是什么样子的。"

整个行程中最重要的活动安排在了下午，我们即将开启人生的第一次雪地徒步。我们将圆盘状的雪鞋绑在脚上，一步步攀登堆满积雪的山峰。山上人迹稀少，我们十几个人在如此宏伟的自然景观面前显得格外渺小。我和一位德国交换生走在队伍靠后的位置。我们一边费劲攀登，一边聊天。到了山腰，利昂将雪鞋脱去，跳入雪中想要直观感受雪的深度。积雪竟然将身高一米八左右的他腰部以下的身体全部覆盖了！我们继续往上攀登，到了一处几乎垂直的山坡前，我想到了在秘鲁的那次登山经历。我靠着仅剩的一点体能，鼓足勇气爬了上去。那天返程的路上，我与J-S女士选择了一条更平坦的路返回，我们聊了很多，有说到关于专业和职业方向的选择，也有聊到她年轻时的有趣经历。我渐渐能够与老师谈话不仅仅局限在学术范畴，而是以轻松的心态与他们聊天。

回到木屋后，每个人都精疲力竭。晚餐时分，利昂坐在我旁边，我们中英文切换着聊了很多。我知道了他在北京时，爸爸妈妈白天上班时会将他和妹妹放在邻近的一个中国家庭，而他将那里视为第二个家。他说他非常想念北京的花卷，这让我

忍俊不禁，而当他向我介绍他的中文名——迪力，并熟练地在我的手上写出汉字“迪”还描述“力”便是“力量的力”时，我对他的中文水平感到非常震惊。接着我们聊了各自在中美两国的经历以及有关政治、社会的话题，利昂的一句话让我印象深刻，他说：中国就是他的一个家，在中国的很多感受他在美国无法找到。那天晚上，我们各自端着食物，一边吃一边聊天，我发现利昂说英文和中文的时候完全像是两个人：当用英语指导我们活动的时候，一头微卷头发、戴着银色鼻环的他有点像一个非主流的美国青年；当我们用中文交流时，他给我的感觉则是一位可爱的大哥哥。这次的ECS，碰见利昂是一件奇妙又令我感到温暖的事情；我们虽然都不是那种说话滔滔不绝的人，但是只要和彼此坐在一起，话匣子好像就被立刻打开了。

在木屋的最后一天，我作为当日活动的领导，将同学们叫醒，并组织几位同学一起将木屋打点整齐。我们将背包装上厢式货车就返程了。下午两点左右，我们在一个快餐店门口停车，打算用过午餐再继续上路。我走出快餐厅收拾餐桌上的垃圾时，利昂走过来对我说：“很高兴认识你，我很快要走了。”我常想着可以好好遇见，好好告别，但是当这一刻真正发生时，想说的话却一句也没有说出；我记不清自己当时说了什么，只记得很仓促。回到学校已经下午五点，我在确保所有物品妥善处理以及每一位同学离开后才坐上丹的车。我认为，领导力更多的是一份责任。

我坐在丹的车上，终于有机会拿起手机处理累积的信息。在那一刻我忽然卡顿了几秒，意识到虽然电子产品每天为我们推送着各类信息，让我们担心错过任何一条内容，然而三天后再拿起手机，虽然信息很多，但似乎也并未错过什么。我非常感谢这一次在木屋中感受日出而作、日落而息的“原始”生活节奏，不被外在的信息掩埋，让我真正可以回归到生活本身再理解世界、审视政治并且建立更为真实的人与人之间的连接。想起活动之前我极力抵触并希望通过各类理由请假，好在最终在妈妈和住家妈妈的劝说下开启了人生中这次少有的体验之旅。

三月五日，也就是我们返回斯普林斯的第二天，科罗拉多州确诊了第一例新冠病例。随后几天，我先后收到了在美国其他州的朋友们的消息，他们向我叙述他们已经囤足了半个月不出门的物资，并让我有需要时随时飞到他们家。同时我还接到了国内家人的电话和信息，他们一再嘱咐我加强防护。随着确诊病例数一天天攀升，身边朋友家人对此也越来越重视，我的神经开始绷紧。我和住家简短地交谈，希望听听他们对于这次疫情的看法。从谈话中我可以听出，他们并不是很担心这次疫情，认为对于大部分人而言新冠不过是感冒。我接着问：“如果家中某一个人感染了你们会怎么处理？”“在这个阶段已经不需要隔离了，在家休息几天就好。”他们答道。这几天，美国的新闻更加密集地报道新冠，但是大部分新闻传递的信息都是人们对新冠过度恐慌了。

ECS照常进行，我们来回穿梭于法庭、监狱、报社、市政厅以及非营利机构，与不同的人交谈。虽然带着一点不安，但我仍然非常投入。

在退役老兵创伤法庭，看着那些因为伤痛、经济等原因吸毒或是犯罪的美国老兵在法院的帮助下，完成四个阶段的治疗后站在法官跟前读他们写的信件并被颁发一枚硬币和一面美国国旗时，我很受触动。有一位老兵提到，他的孩子们曾经都觉得他不好。但接受了法院的治疗后，有一次回到家，他的儿子问他："爸爸，你知道我长大后想成为谁吗？" 他本以为儿子的回答会是某个篮球明星，但是儿子却对他说："我想成为爸爸你这样的人。"正如法官提到的："我们的项目是想让这些老兵知道，他们虽然犯过错，但是他们对于我们仍然非常重要。"我明白，法律不仅仅是依据先例或者条款冰冷地定罪量刑，同时在法律面前我们也需要爱和理解，这样的人文情怀，反过来也会促进社会的正向发展。

在埃尔帕索县的监狱中，我们参观了科罗拉多州最大的监狱系统。跟随着狱警的步伐，我们细致地了解了监狱的每一个部分，从犯人被押入监狱全身搜查，到穿上代表不同含义的囚服，最后再到狱警们展示他们搜出的犯人用牙刷、报纸等日用品制作的尖锐利器。走在监狱昏暗、空气略有些污浊的狭长走道，我看见女监中的犯人们对着我们指指点点；在一个户外篮球场上，我看见正在活动的囚犯；我们最后甚至走进了一所较为安全的监狱——关押老兵的监狱。

我们之后几天分别参观了科罗拉多州几家非常有影响力的报社，我再一次对于媒体人的初心生出敬畏：传统的报业在互联网的冲击下仍然坚守着那一份责任，试图利用他们的专业和资源报道中立、可靠的新闻以提高民众的参与度、政治的透明度以及政策的转化率。除此之外，我还留意到与新冠相关的信息。媒体是一个能最先洞察到一些趋势的群体，从与各社社长、编辑的交流中，我感受到，目前科罗拉多州的确诊人数虽然屈指可数，但是新冠疫情在科罗拉多州的蔓延是大势所趋。

紧接着我们深入政府决策内部，与市政厅的议员们、斯普林斯的市长和科罗拉多州的州长都有交流。让我印象非常深刻的是与市长的圆桌讨论。我们和市长坐在一张椭圆形的会议桌前，听他对斯普林斯的历史和现状、政府面临的挑战以及社会存在的问题进行论述。我们自由地向他提出问题，并得到了中肯的回答。作为积极的提问者，我问他当时决定竞选的初衷。他的回答很长，细节我已记不清楚，但我记得我当时因他的决心和理想主义情怀备受鼓舞。接着，我提出了关于新冠疫情的问题。随着疫情态势的不断变化，我如何能错过这样一个当面问城市决策者的机会呢？他的回答简单明了：“我认为人们过度反应了，斯普林斯的医疗系统完全可以应对。”我有些失望，但是见他如此笃定，也就没有继续追问。在随后一天与州长的见面中，当提到新冠疫情话题时，得到的答复同样轻描淡写。州长认为，只要大家勤洗手，就没有问题。讽刺的是，在与州长见面后的第二天，科罗拉多州宣布进入紧急状态。亲见了两位决策者——市长和州长对新冠疫情的不重视，看到身边大部分美国人对疫情的忽视，以及学校对戴口罩的不支持，我越来越担心，甚至出现了焦虑和不安。留学生好像总能比当地人提前感知到一些风险，面对不确定性，我们的身体和心理所能承担的太少，所以我们才会变得敏感和小心。

更让我感到不安的是，其他几组参加国际ECS的同学即将在下周返回学校上课，而且学校没有要求他们隔离。周一到周三，我给在国外的中国朋友们打电话，又和爸爸妈妈语音通话，听取不同人的观点。我当时的想法是：必须在疫情不可控制之前采取行动，尽可能不把自己置于被动、危险的境地。在当时紧急又有些混乱的状况下，我开始着手处理。首先，在与妈妈沟通后，我登录妈妈的邮箱，以她的名义给我们学校的校长和董事分别发送了一封态度较为强硬的邮件，希望学校可以让即将从国外返回的老师同学居家隔离；接着，我再用妈妈的邮箱给我们分管学术的副校长发邮件，询问是否可以通过其他的方式在中国国内完成学分并毕业。虽然校长和董事并未回复邮件，但或许是我的邮件起到了一定的作用，周四晚上，校长向CSS的社群发出邮件，宣布ECS提前结束，下周一就进入春假。我稍稍松了一口气——至少最担心的一大问题解决了，剩下的一个问题就是与住家相关。

住家一共六口人，其中，两个正在上幼儿园的男孩和一个将近七十岁的奶奶都是新冠的易感人群。住家的态度也不容乐观，他们坚持认为新冠只是普通感冒，一点也不重视。他们照例出去与朋友聚餐，参加派对，到电影院看电影，他们甚至决定近期将这所房子出售，在离学校更近的一个社区买更高档的住宅，随之而来的，便是看房者陆续进入家中看房，搬家公司也进进出出。我深知，每天接触形形色色的人，会大大增加被感染的风险，我开始变得非常注重卫生和个人防护，而住家与我截然不同的卫生习惯让我产生了巨大的撕裂感。不确定、恐惧和不安占据着我，我决定在学校停课前的最后一天，也就是星期五，在学校老师的共同参与下与住家商量之后的住房问题。也就是那天，我面对了与住家这几年以来最艰难的一次对话。

每次写到这一段的时候，我的内心都会本能地抗拒，我不想再经历一遍当时的情绪，也担心自己无法准确地描述那天的情形。还记得我给分管学术的副校长戈代先生发的邮件吗？周五那天他见到我后，向我当面提及了邮件并表示：“回国完成学业的方案，请你不要考虑了。”回国的方案被否决后，我开启了另一个备用解决方案：因为我认为目前的住家存在诸多潜在的危险，我盘算着转入另一个同样正在接受中国留学生的老师家居住。她的房子足够大，她家的人足够少，她的活动范围足够有限，所以风险相对小一些。事先我请那位中国同学的妈妈与这位老师表达了她们的态度及我的想法，但当我走进那位老师的办公室询问她是否收到信息时，她的态度犹豫不定，眼神游移并马马虎虎回复我说：“我正在想怎么给那位同学的妈妈回信息。”我再次走进了副校长戈代先生的办公室，并将我的想法向他和盘托出。戈代先生并没有明确表示对我提议的支持或反对，但说道：“这件事情涉及的人很多。”他随即叫来国际生老师佩蒂特女士，他们一致要求我当面同霍利阐述这件事情。

我给霍利发了一条短信，开诚布公地提到更换住家的想法，并询问中午她是否可以到佩蒂特女士办公室。她一直没有回复我的信息，等了很久，我的手机上弹出了一条简短的信息：12：15可以。在霍利到来之前，佩蒂特女士同我提到：“霍利昨天中午向我说起她感到你目前对自己的封锁，以及不愿意与他们敞开沟通的态度。”霍利的感受一点没有错，但是她或许只是从她的个人角度理解这个事情，并简单地认为这种态度是负面的。在国外的我们，先是有了安全感才会有信任感；在面对由于文化和观念的差异短时间内不可调和的众多冲突时（例如不戴口罩或戴口罩、正常活动或小心防范、留在美国或回国），我深知这样的差异很难共存，所以我才决定不给住家说太多的信息，而是和父母商量处理这件事情。加之，作为一个十九岁的国际生，从现实角度及心理层面出发，我需要承担相比当地人更多的风险和不确定性，所以在这样的大事件下，如果没有充足把握，我很难真正信任住家并打开心扉。十二点十五分，霍利准时到达了办公室，丹因为正好参加幼儿园父亲节活动也一同前来。从看到他们的第一眼，我便察觉出了异样：霍利像是哭过，看起来很生气，丹则表情凝重。我知道事情或许不能够同我预期那样展开，我默默告诉自己：一定要沉住气，不要将矛盾激化。

我坐在佩蒂特女士旁边的一把椅子上，霍利情绪激动地对我说："你现在叫我们过来根本就不是开诚布公，你们在背后将所有的事情都安排好了，不给我们说，而是绕开我们同戈代先生他们讲。"她强调，"这是对我们非常大的不尊重。"

丹在一旁补充道："我知道文化差异会导致解决问题的方式不同，但是这个问题和文化差异没有任何关系。"我坐在那里没有插一句话，而是倾听完他们的表达后，解释了一番我做这件事的前因后果。

霍利还带着不少情绪，接着说："我们为你提供了一个非常好的学习生活环境，而你这段时间为什么早上匆匆拿了早餐便上楼，不和我们在餐厅？（那个时候由于疫情在中国的暴发，我更加注重防护，但或许是有些过度防护了）你只是把我们家当作一个吃饭和居住的地方，但我们却不这么认为。"

从对这个事情本身的不满意，在这个时候慢慢转到了他们对我其他行为的不满。但当我也诚实地向他们表达我的担心后，谈话风格在这个时候也出现了一些转机。我们的主题从他们的愤怒和不满过渡到了他们对我的关心，他们认为我太焦虑了。

霍利说："我不知道你承受着这些，你不应该把一切都自己一个人担着。"我开始哽咽，虽然尽力止住眼眶中的泪水，眼泪却不知不觉顺着脸颊一直往下滴。霍利也要哭了，她讲起自己在韩国妇产科生诺亚时的无助感，那时候她是那么希望她的妈妈可以在旁边陪着她；丹也说到了他在阿富汗战场反恐的几次生死一线的经历，以及他的爸爸刚去世的时候他的焦虑。他们接着说，如果我离开他们家，两个男孩会非常难过。“我们非常喜欢你，把你当我们的女儿，你和我们在一起的三年，我们一直觉得非常合适。”他们又说，如果我被这次的病毒吓倒，那么这才是病毒真正的胜利。谈话氛围从紧张变得融洽，我紧绷的神经终于放松了。他们主动提出，他们会做一些调整让我更加轻松，例如霍利会将我和两个男孩公用的洗手间彻底清洁，并且只让我一个人使用。虽然我们在面对新冠疫情这件事上有分歧，但我很感激住家对我的宽容和支持。

丹和霍利离开高中部教学楼之前，帮我到本森先生的教室请假，告知他我会晚一点再回教室。在路过办公室时，丹敲了敲我身后的玻璃窗，向我挥手说再见，还给我发了一条鼓励的短信。也就是在第二天，我参加了托福考试。如我前面提到过的，在情绪波动和压力如此大的状况下，我的成绩仍然不错。那天放学，我同霍利像往常一样在车内聊天，回到家丹更是在楼道中特意等着我向我问好。最后的结局是圆满的，我也做到了自己要求的那样：不论经历什么事情都一定要及时调整状态，满血回归正常的学习生活。我想，这样一次激烈甚至濒临崩溃的碰撞，是我一个人在异国的深刻回忆。我将冲突的全过程发在微信聊天框，爸爸妈妈和家人们回复到：

我们想象霍利、丹、国际生老师与你坐在办公室，然后你面对霍利和丹的一番情绪的宣泄，能够认真倾听并且理智应对，最后双方的交谈自然而然转到对你的关心和感同身受方面，看似有点失控的情势，最后很好地得到了控制，我们要为你点赞。你平常一直在改进的情绪管理发挥作用了，没有因别人情绪的宣泄而失控，这非常不容易。这次交谈因为你的出色表现，让住家对你有了更多的理解，反过来你也更多感受到他们对你的认可和接受。作为寄宿家庭的国际生，首先是安全感，然后才有信任感，这是所处位置不同而产生的客观状态；住家父母不一定能理解到这一点，所以他们会认为你的一些行为显得比较焦虑，但我们认为你的表现非常不错，你的言行举止也非常得体，我们认为这次“冲突”带来的更多是积极意义：一是住家与你之间在一些问题上有了深入沟通，也将平常不方便表达的话都说出来了，其背后蕴含的都是一种善意。二是住家意识到在一些方面应该更关心你、尊重你，同时也让你意识到应该更主动和住家沟通并积极参加住家的家务活动诸如做饭做菜、与小弟弟互动、分享学习收获等等。三是在成长过程中，一些冲突和矛盾是不可避免的，这也有利于我们的成长。四是对于住家在这次交流之后的一些特别表现，也需要你给予积极的回应和反馈，如此，这次的“冲突”才有意义。

爸爸，妈妈

今天看见你的日结，我很感慨，也很难过，因为我觉得，你这么小的年纪就知道谈话到了一个点的时候去缓和，这对你这样年纪的人来说，需要多么强大的内心啊！另外，由于文化的不同，你们之间很多思维方式不太一样，你还得自己找一个共同点去探索解决问题的方式。你的不容易我不敢说感同身受，但我也略知一二，你的坚强也是我特别佩服的地方。对于新冠病毒，不管别人怎么看待，你都做好防护就对了，勤洗手，戴口罩，一切都会好起来的，不用过于担心。

再：

我认真读完，觉得你思路非常清晰，逻辑也明确。你承受难以想象的压力甚至误解，确实对在遥远异国他乡的你是一个考验，但我相信你会平稳渡过这个时期，你的内心会更加强大。别的不想多说，好好照顾自己，一切都会好的。过去的一切一定会是你人生的财富，让你有勇气承受很多突如其来的情况，不管我们愿不愿接受都必须坚强面对。

家人

我平复了情绪，重新进入理性思考模式。我认为从学业和风险评估两个角度考虑，继续留在住家直到毕业是最好的方案。经过和住家的沟通，我渐渐不那么焦虑。春假期间，我将自己的生活规划得井井有条，还时常帮着霍利、菲利斯烹饪晚餐。但是这种焦虑感没多久再次卷土重来。一个周六的早上，霍利去超市采购，回来时她向我们抱怨卫生纸、牛奶和肉类等必备用品早已经被一抢而空。我发现，美国人好像也开始意识到了这次疫情的威力。两天后，也就是三月十六日早上，住家给我说，他们收到我的留学公司的一封邮件，邮件中提到公司决定暂停他们所有的项目，并要求所有项目学生立刻回到自己的国家，如果不回去，公司将不再对我们负责。在接下来的几天中，航班熔断，机票难求，我不敢相信曾经本以为已然不是问题的物理障碍竟然变成了最大的阻力。没多久，留学生回国需要隔离的政策出台。外界的政策和情形每天都发生着翻天覆地的变化，病例数每日不断攀升，住家正在搬家，人来人往，我心中只有一个想法：不能被感染，并且五月份要顺利回到中国。

妈妈回忆说，那段时间我每次同他们语音通话，几乎都会止不住地哭，并且常常在美国的半夜醒来与他们通话。在最艰难的那段时间，我很感谢我的朋友和我打的一个个电话，以及爸爸妈妈每天坚持给我发的一条条语音消息——这些让我在无助的时候重拾了一份踏实感。

更让我有些不悦，并最终决定再次离开住家的是这样一件事情，在与爸爸妈妈语音结束后，他们将事件和思考总结如下：

周六早上刚醒来，接到你的语音电话，得知今天发生的事情特别让你生气：住家因为安排别人来家里看房，送你到学校。你本来打算看书和健身，没想到学校很多教室都锁门了，而且天气非常糟糕。你冒着大雪和狂风反复奔波于学校不同位置，大半天时间也没做什么事情，还因为受凉有点小感冒，心里实在气不过。

住家今天的安排完全出于自己的需要，根本不考虑你的感受。尤其又是疫情阶段，实在让人气愤。从你的角度看，如果是自己的父母，绝对不会出现这种情况，这就难免让你有一丝寄人篱下的感觉。想到前不久住家还在学校和你一番理论，强调自己多么在意和关心你，结果又是如此行事。某种程度上人们总是标榜自己道德高尚、助人为乐，但在具体事情上利己的成分还是很大的，这就是人性。但人也是非常复杂的，很难用非黑即白判断，特定的时空也会影响她/他的表现，所以我们与人相处，首先从既往的交往中获知他们的本质属于善良之辈还是非善良之人，即便是善良的人，也不要指望他们能够完全为你着想，但要善于激发他们对待你的善心。另外一点，对你而言，你即将上大学，也是迈向成人的阶段，要逐渐调整思想和行为模式，以便更适应日益扩大的社交圈的需要。说实话，相比过去，你的进步有目共睹，但是与人相处是需要一辈子用心改进的，它会让我们更多智慧、更少负担地生活。

还想和你分享的认识就是，生活中有很多事情，过去就过去了，不停抱怨和责备只能让自己陷入一个怪圈，伤害的是自己。及时跳出来，让自己面对当下的时刻，做该做的事情。

爸爸，妈妈

再：

现在的住家与你相处三年了，双方建立了一定的认知而且基本上彼此认可，一般情况下这种关系应该还是不错的，但是因为突然升级的疫情，住家包括很多美国人与中国人的认识和处理有很大差异，造成一些冲突和矛盾是难以避免的。你作为一个国际生，目前在美国最大的依靠就是住家，你们朝夕相处，如果彼此因为这样那样的误解或矛盾造成双方关系紧张，对你的伤害会更大。基于现状，我们建议你一定要放下心中对住家行为的不满，心平气和相处；如果遇到一些不同意见，也要以合适的方式告诉对方，以协商的方式解决而不是仅仅按照自己的想法行事，你尊重对方，才能获得对方的尊重；一些生活卫生的细节，住家有自己的习惯，不要过于强求，这种时候大家要学会求同存异。总而言之，放下自己内心的执念，放松心情与大家相处。人只有学会在不同境遇下能屈能伸，照顾好自己，才能在全球化进程中完成个人的成长，将来会大有作为！

爸爸，妈妈

我心想，与其跟着住家大动干戈在疫情下搬家，我不如搬到更让我感到安全的地方。我想起我的一位同学和她的妈妈四年前便从中国来到科罗拉多州定居，我与妈妈同他们沟通后，我决定搬到他们家住。吸取了上次的经验，我在那晚晚餐时向霍利袒露了我的担心。但是，从上一次学校老师拒绝我换住家的态度上，我明白了换住家牵涉到我和目前的住家签署的合同，以及学校方面需要承担的责任，因此这一次我知道我必须“先斩后奏”，才可以顺利达到目的。

这几天我关着房门时，悄悄地开始打包所有行李，并收拾了一个装有必备用品的行李箱和一个背包，准备先带着这两样不那么起眼的行李到这位中国阿姨家住。我同霍利说：“春假这几天我太无聊了，我想到中国朋友家玩几天。”霍利或许已

经看出异样，问道：“你还准备回来吗？”我笑着说：“我的东西都在这，肯定要回来的。”与这位中国阿姨约定好时间，下午三点四十五分，她接我离开了。坐在她飞驰的车内，我的内心轻松不少，感到好似正在逃离一个灾难现场。

在进入他们家之前，中国人对于疫情的小心从这一刻就体现出来。这位阿姨让我将所有行李放在门口，并喷洒酒精进行消毒。安顿好后，我开始通过邮件和短信处理我自作主张更换住家的行为。我向国际生老师、分管学术的副校长以及霍利同时发了较为模棱两可的信息，并让妈妈也从她的角度给住家发了信息。或许是大家开始更理解我，又或许是对我已经无话可说，这件事几乎没有任何波澜便悄然结束。但是没过几天，在三月三十日，我接到学校的邮件，要求我明确住家选择的事情。虽然我希望能继续保留与霍利家良好的关系，但是学校要求只能选择一个家庭作为接下来的住家。我开始处理给学校和霍利的邮件以及以妈妈的名义给学校回复确认邮件。疫情掩盖之下，隔着屏幕，加之我真诚的文字和得体的处理方式，我非常顺利地处理了这一复杂的事情。

CiCi和CiCi妈妈，

我们的委员会经过讨论，一致认为她必须选择其中一个家庭作为住家。同时，如果CiCi需要回国我们也同意，但是时差等困难需要你们自行斟酌。请知道我们爱CiCi并以她作为我们大熊家庭成员而骄傲。请随时告诉我们如何在这个过渡期帮助到CiCi。

佩蒂特，戈代

CiCi，你当然会一直是我们家庭的一员。我们想要支持你并确保你感到安全和舒适。我们不生气的。

霍利

CiCi，不要压力太大。霍利告诉了我你的情况，我们都一致认为你做你认为对的决定就好。请相信我们对你的决定都是理解的。我们都爱你和想你。

菲利斯

当天下午我与霍利约好到她家取行李的时间，中国阿姨和她的女儿开车载着我。我带着些许轻松、些许尴尬又些许紧张的心情按下门铃。走进这个我再熟悉不过但又好像非常陌生的地方，我的内心五味杂陈。我和中国阿姨的女儿从三年前我一趟趟来回搬行李的地方，再一次搬下沉重的行李箱和收纳盒。临别之时，我与利亚姆、诺亚、霍利以及菲利斯大方自然地道别，只是丹一直坐在背对着我们的沙发上，不理我，我也没有再理会。走出那里，我内心波澜起伏，那种复杂和轻松相互交织的感情，我不想用文字描述，而就让其放在疫情的大背景下，连同我曾经的种种经历，自行发酵。

科罗拉多州居家令的颁布表明这个学期都会是网课，AP考试也变为了网考模式。我纠结是否近期回国。一方面，如果回到国内，我不仅可以修完学分按时毕业，还可以减少被感染的风险；更重要的是，我不需要再经历不确定感和恐惧的煎熬。另一方面，国际旅途被感染的可能性，第三国转机的风险，对隔离的抗拒，网课倒时差的困难等问题，又让我犹豫不决。我将思考梳理成文字，再三考虑后决定等五月份毕业后再回国。

在美国疫情指数级上升阶段，我一点也不敢松懈。我反复地洗手，甚至到了有些强迫的地步，在科罗拉多州干燥气候的共同作用下，我双手的皮肤开裂出血。我还在霍利家就一直焦急等待的爸爸妈妈寄来的防护用品也终于寄达，我稍稍宽心。同时，为了买到五月底的机票，我颇费周折；在不断地抢票、失败、退票的希望和绝望之间，我们终于买到了一张从日本转机的机票。

在中国阿姨家上了将近两个月的网课，我认真上课，用心做十二年级项目，与同学老师及导师保持沟通。同时我还时刻关注大学录取的结果，每当发放结果的时间到来，我总是颤抖着手登录查询，有惊喜也有遗憾；我最终选择了在加州大学伯克利分校就读，很快加入了各种微信群，一个崭新的世界正为我打开。当然，在这个新的住家中，我同样面临着诸多的不适应，例如阿姨对我个人空间的过度干涉，对我有意无意的言语伤害，以及整个房子太大太安静，但最终我也算是平稳度过了。我将这里当作综艺《奇遇人生》里的民宿，了解了不同人的生活方式和价值观，以打开自己更多的维度和认知。正如那档综艺的宣传语所说，“我们的目的是：寻求突破，体会另一种选择。遇人、观己、鉴心、知天地”。同时，我还试图从人类学家或社会学家的视角，观察并理解同样在科罗拉多州的不同文化的两个家庭的异同。

虽然网课难免枯燥乏味，人和人之间缺少面对面的交流，但支持和关爱永远是不会缺席的。M-P女士在我的房门口悄悄放下的礼物，家乡朋友回到科州后第一时间给我发来的问候，加州的朋友为我隔空送来的食品，住家为我搬来的剩余的行李以及他们每个人亲笔给我写的卡片，以及我带的幼儿园的小朋友在视频前为我兴奋展示的毛绒玩具……当然，我仍可以回忆起在学期即将结束时，我们十二年级的同学穿着大学的文化衫，站在停车场，接受学校的其他家长和同学开着装饰好的车为我们加油的场景。生活可爱，只是有时被我们忽略。

更值得记录的是，受这次ECS的价值观——提高人民的意识及为某一少数群体发声的影响，我在上网课期间将自己作为留学生在疫情期间的经历和感受写成文章，发表在美国的《独立日报》上，这是我第二次在美国的报纸上发表文章。这不仅是我对这次匆忙结束的ECS的回应，更是对自己的梳理，也是社会责任。那日寒风瑟瑟，我跑到加油站附近的报刊亭拿到印有我文章和照片的报纸，感觉很欣慰。我不仅得到了来自隆戈博士、本森先生和J-S女士的大力赞赏，更因隆戈博士当着全班的面（视频）说的那句“CiCi在《独立日报》上发表过两次，我零次”而忍俊不禁。我对留学生在疫情下的生活和心理状态进行了充分的描述，并借此对比了我感受到的中美两国的文化差异。这些论点得到许多人的关注，甚至收到了评论区读者们长篇大论的点评。另一件作品是，我在不同老师的指导下独立完成了关于新冠疫情的全英文纪录片，题目是“我们在一起：献给每一个在疫情中点亮这个世界的人”。我想以此鼓励每一个在疫情下的人：万物皆有裂痕，那是光照进来的地方。我将自己的经历和挣扎化作前进的动力，不仅给自己力量，更

鼓舞了身边更多的人。我想不论是我在《独立日报》发表关于留学生的文章让更多的人了解了我们的处境，并增进了彼此的理解和信任，还是在新冠疫情流行时期制作的这样一部短片，都让我明白：我们在向上攀爬时，不要忘记使命和责任，不应该只是为了取得更大的成就而向上，更应该想着自己做这件事是否可以为更大的群体带来积极的影响。

新冠疫情在全球的暴发就像一把手术刀，将各类社会现象，例如不平等、文化差异及人性展露无遗。我们每个人都不可能置身事外，全球化的到来也让每个人无处可逃，因为没有一个地方是绝对安全的。我想，我们可以做的就是躬身入局，直面挑战；不是忽视困难，而是习惯和困难在一起。我们这一代人对历史似乎没有太多的记忆，2008年的金融危机暴发时，我们也才八九岁。这次的危机让我意识到：该是我们这代人入场承担责任的时候了！

———

学期即将进入尾声。虽然仍在疫情的阴霾下，但是惊喜不断。在我们高中的颁奖典礼上，我同时获得了文学系和历史系两项年度奖项。听着J-S女士和本森先生认真地在屏幕前读着对我的颁奖词，我非常感动。同时，在十二年级的总结会，我收到了隆戈博士写给我的信。

**CiCi，请打开你的摄像头。**

今年文学系奖颁发给对英语有着热爱的学生。这个学生一开始完全不懂这门语言。想象一下你用你的母语写作：你非常热爱并且在报纸上发表；接着想象一下：你搬到了一个语言完全不同，有巨大文化差异的国家。如果是我，肯定会放弃在这门语言上的精进，更别说成为一名作家。但是这个学生比我勇敢太多。课堂上认真听课、钻研这门语言、大胆表达、不断提问、寻求指导、大量阅读、积累知识，甚至加入写作研讨会……这些都是她所做的努力。在被专业记者启发后，这位学生尝试在报纸上发表文章——这一次是在一个语言完全不同的国家。她精练自己的语言，作为一个十一年级的国际学生，她在当地享有盛誉的报纸发表文章。性格使然，她并不仅仅满足于这个成就，接着，她向《独立日报》再次投稿，发表了文章。我想用她的一句话结束，这段话对我们有很大价值："更好地了解其他文化很有帮助。我们通过相互学习、尊重和了解相互的文化需求，可以增进沟通、合作甚至产生积极改变。"我完全赞同，祝贺！

艾米·J–S

请CiCi再次打开她的摄像头。

在这个充满挑战的时代，并不是所有事情都是我们可以选择和决定的，然而，历史学教会我们如何利用历史经验，帮助我们构建一个美好的未来。今年历史系奖的获得者，是一个努力提高自己对历史的认知并同时帮助周围人学习的学生。这个学生在方方面面都努力变得更强：积极寻求帮助，总是认真对待老师的建议。这个在九年级时非常安静的学生，已经慢慢变成在课堂上发言很多的学生，包括在AP比较政府和政治课上。在研讨会中，有一个嘉宾被CiCi的写作和研究能力震惊，并评论说："CiCi有强大的驱动力去寻求有不同经历的人的见解，并且可以从国际和跨文化视角解读。" 幸运的是，CiCi热爱记者行业。媒体自由是自由社会的基石，全世界都正在面临前所未有的挑战和威胁，好的媒体可以告知我们信息，激励我们做出改变。新闻业同样也是我们最强大的武器，它可以督促执政者对我们负责。今年的这位获奖者不断精进她的写作：她认真完成每一项作业，并且努力让她的写作和报道更好。2019年她关于脱欧的文章获得最佳论文奖，并且正如你们知道的，她已经在报纸上发表了两篇文章。CiCi的语言能力、社会学能力出众，如果她选择加入媒体行业，那么这个行业一定会更好。恭喜CiCi获得今年的历史系奖。

大卫·本森

如果你在过去四年的任意一个工作日的下午走过教学楼，最后一节课后，虽然大部分学生都走了，但你总能看见CiCi还在一角学习；她埋头学习，精力饱满，那样子看起来，好像过去七小时的学业对她来说并不累。相比我认识的学生，她总是自我提升、自律、有明确的目标，这为她的学术成就打下了基础：她在所有的AP课程中获得不低于5的成绩。不过，CiCi不仅仅只有学术成就。过去四年，她在四个俱乐部担任职位，同时在模拟联合国竞赛中获得最出色代表和最佳论文奖。自从2017年她在乐队吹长笛并获奖，她活跃于舞台和运动场，并且她还在历史纪录片和学术方面获奖。作为一名英语老师，CiCi令我印象最深刻的，是她成长为英语作家。正如大部分国际生一样，她也曾被英语写作困扰，但是她的努力和孜孜不倦让她几乎可以熟练运用这门语言。她不仅获得英语系和历史系的奖项，同时在《独立日报》发表两篇见解独到的文章，这太令人称赞了。CiCi，你强大并且多才多艺。你为目标奋斗，你对同学老师礼貌亲切。加州大学伯克利分校有幸拥有你，恭喜！

约翰·隆戈

在毕业典礼那天，虽然疫情阻碍了典礼的正常召开，但是学校允许每个家庭有十五分钟的小型仪式，为高中的学习生活画上圆满句号。我穿着一条酒红色裙子，当戈代先生喊出我的中文名时，我在隆戈博士的指引下，从学校的美泰格楼缓步走向舒巴克校长站立的舞台。我踏着碎石，一步一步往前走，听着再熟悉不过的毕业进行曲，心中五味杂陈。我想到曾经的自己，再想到今天的自己；想到曾经刚得到第一封美国高中录取信，想到第一次来到美国、来到CSS、来到住家的场景；想到这一路走来遇到的每一个人，想到那些植入我身体的热爱，想到……所以我决定将自己的经历写下来，封存这份记忆，也将自己的故事分享给有相似经历的你，我想让你明白，你不是一个人。

我迈上阶梯，走到校长面前，他向我郑重颁发了深蓝色的毕业证书，我将学术帽抛向空中，看着镜头与前来为我庆祝的霍利、菲利斯、诺亚、利亚姆以及特意从各个地方赶来的几位中国朋友一同合影。仪式结束后，我最后一次漫步在CSS的校园中，用尽全部的感官感知着这里的一切。

读着曾经在我生命中扮演过重要角色的人写给我的邮件，内心充满感激。

CiCi，我为你感到骄傲：你的所有努力使得你成为现在的你。我多么希望我可以在毕业典礼上看到你。你知道吗，我研究生也是在加州伯克利读的。这是个非常大也非常疯狂的地方，但是这里有许多乐趣、无数聪明的人和许许多多正等待着你的挑战。我仍然常到那片区域，因为我曾在那里居住了20年，并且我的姐姐也还住在奥克兰。或许某天，我们可以在校园见面，然后一起喝一杯咖啡。

我迫不及待想知道你之后会做什么。给你大大的拥抱。

安·泰勒（历史、AP心理、公众演讲老师）

CiCi，我想你不知道里基，他也是一名CSS的学生，并且成了我的一位中国儿子。今早他从博尔德市打来电话，告诉我他买到了周一飞回中国的机票。我们“含泪告别”。而现在，我得为我的另一位亲爱的中国学生做同样的事情。了解你，对我而言是一份礼物。

艾米·J–S（文学老师）

CiCi，恭喜你在AP比较政府和政治获得5分！哇，今年这门AP能得满分的同学不多，并且我们班的平均分与全国相比高出2分！你取得如此好的成绩，我一点也不惊讶，我为你骄傲，并感谢你为这门课所付出的所有努力！

大卫·本森（历史，AP比较政府和政治老师）

CiCi，我希望你知道我们都为你过去四年的成长感到非常骄傲。非常开心可以看到你成长为如此优秀的年轻女性。

约翰·隆戈（文学老师，前高中部校长，学术顾问）

CiCi，过去四年能够与你共度是我的荣幸。我看到你成熟，找到自己的声音，扩大自己的舒适区，并作为CSS的学生为学校留下积极影响。看到你成为一个大姐姐、美国家庭的一员、CSS学生群体中的一名领导者，我很欣慰！感谢你对我一直表达真实感受，并且愿意加入我们冗长、艰难的谈话。在CSS，你总是那么充满勇气！

尼科尔·戈雅蒂（前国际生老师，现任初高中部校长）

亲爱的CiCi，没有什么比与你保持联系更让我感到开心的。你是一个出众的年轻女性，能够在这一年中亲见你的才华和努力，是我的荣幸。

山姆·戈代（分管学术副校长）

曾经对住家的那些抱怨和不满在这一刻也烟消云散，我从开市客订购了蛋糕和鲜花送到他们家，表达我的感谢，他们也给了我一封虽然短小，但对我意味着很多的贺卡：

你在CSS的旅行告一段落，我们希望它会一直珍藏在你的心中。我们期待了解你在大学的经历，请你记住：你永远是我们的女儿。

霍利，丹，菲利斯，利亚姆，诺亚

学期结束后，我即将乘坐美联航的飞机启程回国。从美国时间周二一早从住家出发，到北京时间周五凌晨到达中国，并在福州集中隔离，期间共转了三次航班（丹佛—旧金山—成田—福州）。穿着笨重的防护服，戴着防护镜、防护面罩、橡胶手套、N95医用口罩，我穿梭于各大机场。从旧金山出发到抵达福州的十几个小时中，我除了在成田机场快速补充一些水和食物，其余时间我都一直戴着口罩。当飞机终于在福州落地，虽然已经非常疲惫，但我内心是踏实的。坐着大巴到达隔离酒店，我开启了在福州的十四天隔离生活。隔离十几天听上去虽然有些难以想象，但是在美国这几年的经历让我早已学会了怎样不依靠别人过好自己的生活，因此这次的隔离我非常舒适地度过了。总之，有了这次的经历，今后不论什么样的变化和困难，我想我都不会再畏惧。

十二年级的结束有些混乱，有些匆忙，有些遗憾，我想起开学没多久时隆戈博士说的那句话：“你们应该珍惜在学校的每一天，因为这样的经历很快就会结束。即使毕业后你们回来，那时候的体验和现在是完全不一样的。未来，在这里的经历不会再有了。”我忽然体会到，这句话如此意味深长，如此准确。美国高中四年的学习生活结束了，于我而言，没有遗憾。挑战、收获并存，快乐、艰辛同在；在这个过程中，我让自己活得更明白，更自主，更加全面清晰地认识了自己。

**「这四年中经历的每一个点滴，内心的每一次波澜，结识的每一个人，或许都多多少少在影响着我。我一直相信，成长是不可以被塑造的，成长是自我经历和迭代的产物。」**

# 后 记

写完此书，我从曾经那些经历中抽身而出，仔细看看自己从前走过的路，今后的路似乎也有了模样。很庆幸，我没有辜负时间。

人生是由一件件小事组成的，也恰是这些小事赋予我们人生新的意义。我从曾经那个得失心颇重的女孩变为懂得放下包袱轻装前行的人。放下包袱不是不努力，而是不再纠结一时的结果；放下包袱不是没有抱负，而是知道时间自然会给出答案；放下包袱不是不在意别人的看法，而是对自己有更全面客观的认知。我从曾经那个将自己包裹得严严实实的女孩变为愿意敞开心门的人，打开心门后，我与他人建立了更为密切的连接，同时也进一步认识了自己。我从曾经那个对周遭不够有温度的女孩变为对身边的一切充满能量的人。这让我更加感到每一段时光的宝贵、与每个人相逢的不易。我的世界变得更加丰富而有层次，我会去想念一个地方、一段事和一个人。我从曾经对生活有些马虎的女孩变为不敢对生活有半点不认真的人。

自己开始独立生活后，经营的似乎就是自己的生活。当每件事情都是自己亲力亲为时，自己也就会变得更加认真和细致。我还从曾经那个胆怯的女孩变为敢于去接受挑战的人。当战胜了美高带给我的太多挑战时，我也就不再惧怕新的挑战，甚至对未来充满了期待。

在这个过程中，如果不是那些在身后默默支持我的人，在我需要时帮助我的人，在我自我怀疑时告诉我“你可以”的人，我的故事将不会是这样。

一路走来，如果没有我父母坚定的支持和无条件的爱，我无法成为现在的模样。是他们在我困难时给予我支撑，在我抉择时给予我尊重，在我偏离航线时给予我指引。同时，他们鼓励我发掘自己的热爱并坚守。作为成长型的父母，他们在这个过程中也从未停下学习和挑战自我的步伐，我也因他们人生的丰富多彩而被一次次地鼓舞。

我的爷爷奶奶和公公婆婆，让我从小有机会在他们身边度过童年的时光，那种被爱包围的幸福感是无可比拟的。虽然他们对美国、对留学知之甚少，但他们总是一直努力想要更多地了解我的生活，并在我需要的时候给我提供无条件的支持。

我还要感谢我的家人们，感谢他们一直以来给我的鼓励、关爱及呵护，这让我备感温暖。

当然，如果没有一个善良的住家，我在美高的经历也不会如此丰富。住家妈妈霍利和住家爸爸丹将我视作他们的女儿，真诚地与我相处，尽可能地满足我的需求，让我在异国他乡找到归属感；住家弟弟诺亚和利亚姆发自内心地喜欢着我，让我成了他们不可替代的姐姐；住家奶奶菲利斯用她安静但有力量的言行一次次鼓励我、理解我。

然后，我还要感谢我的老师们。泰勒女士用她的专业感染了我，让我找到学术自信和职业发展方向；J-S女士用她的慈爱和包容让我在这个社区不孤独；隆戈博士对我说的每一个“早安”、每一个“你可以的”都一次次让我充满力量；戈雅蒂女士在不断激励我迈出舒适区的同时，也在我需要的时候提供了恰到好处的帮助……太多太多的老师需要感谢，在此我就不一一列举了。

最后，我要感谢我遇到的每一位同伴和朋友，他们的思想、憧憬和热忱不断地鼓励着我，让我在困难或迷失的时候总可以找到重获信心的理由。

我是一个再普通不过的人，但我发现我的故事也有闪光点。我希望用它们点亮你的生活，为同我一样或不一样的你发掘可能和希望，发掘光芒，以此点亮更多的人。

写于2021年11月